建设美丽中国书系
building a beautiful China

公平感知对青海农牧民可持续生计影响研究

崔冀娜◎著

中国经济出版社
CHINA ECONOMIC PUBLISHING HOUSE
北京

图书在版编目（CIP）数据

公平感知对青海农牧民可持续生计影响研究 / 崔冀娜著. --北京：中国经济出版社，2024.6
ISBN 978-7-5136-7560-4

Ⅰ. ①公… Ⅱ. ①崔… Ⅲ. ①农民-生活状况-可持续性发展-研究-青海 ②牧民-生活状况-可持续性发展-研究-青海 Ⅳ. ①D422.7

中国国家版本馆 CIP 数据核字（2023）第 220882 号

组稿编辑 葛 晶
责任编辑 冀 意
责任印制 马小宾
封面设计 久品轩

出版发行 中国经济出版社
印 刷 者 北京鑫益晖印刷有限公司
经 销 者 各地新华书店
开　　本 710mm×1000mm 1/16
印　　张 13
字　　数 185 千字
版　　次 2024 年 6 月第 1 版
印　　次 2024 年 6 月第 1 次
定　　价 88.00 元
广告经营许可证 京西工商广字第 8179 号

中国经济出版社 **网址** http://epc.sinopec.com/epc/ **社址** 北京市东城区安定门外大街 58 号 **邮编** 100011
本版图书如存在印装质量问题，请与本社销售中心联系调换（联系电话：010-57512564）

建设美丽中国书系
building a beautiful China

公平感知对青海农牧民可持续生计影响研究

崔冀娜◎著

中国经济出版社
CHINA ECONOMIC PUBLISHING HOUSE
北京

图书在版编目（CIP）数据

公平感知对青海农牧民可持续生计影响研究 / 崔冀娜著. --北京 : 中国经济出版社，2024.6

ISBN 978-7-5136-7560-4

Ⅰ. ①公… Ⅱ. ①崔… Ⅲ. ①农民-生活状况-可持续性发展-研究-青海 ②牧民-生活状况-可持续性发展-研究-青海 Ⅳ. ①D422.7

中国国家版本馆 CIP 数据核字（2023）第 220882 号

组稿编辑 葛 晶
责任编辑 冀 意
责任印制 马小宾
封面设计 久品轩

出版发行 中国经济出版社
印 刷 者 北京鑫益晖印刷有限公司
经 销 者 各地新华书店
开　　本 710mm×1000mm 1/16
印　　张 13
字　　数 185 千字
版　　次 2024 年 6 月第 1 版
印　　次 2024 年 6 月第 1 次
定　　价 88.00 元
广告经营许可证 京西工商广字第 8179 号

中国经济出版社 **网址** http://epc.sinopec.com/epc/ **社址** 北京市东城区安定门外大街 58 号 **邮编** 100011
本版图书如存在印装质量问题，请与本社销售中心联系调换（联系电话：010-57512564）

目 录
CONTENTS

第1章

绪　论

1.1 研究背景

1.1.1 现实背景

1.1.1.1 农牧民的公平感知水平直接决定其后续生计选择

农牧民是农牧业稳步发展与农牧区经济增长的重要主体，他们是否积极参与各类生产活动，对促进当地产业与经济发展起到至关重要的作用，并直接影响农牧区的发展效率，同时对农牧区的社会稳定与和谐也有着一定影响。然而，随着全球化进程的不断深入，不公平现象和排斥问题在部分地区有所加剧。因此，促进生计多样化行为对于创造更加安全、稳定、和谐的社会尤为重要（Noll Heinz-Herbert，2011）。农牧区经济的不断发展，将对其自然生态、经济结构和产业配置、社会文化等方面产生较大影响，必然使根植于草原文明的牧区少数民族经济生产方式、社会和文化产生变迁，虽然从长远来看该社会整合过程有利于增强社会活力，但从短期来看则有可能产生各种社会问题。本书在走访青海农牧民的实地调研过程中发现①，农牧民感受公平的程度存在代际差异，由此直接影响其后续选择生计的方式；同时，公平与否的程度能够导致文化冲突，使农牧民心理层面发生极端变化，这种冲突甚至有可能会使他们触犯法律，从而给青海社会的稳定性带来较大隐患。如何减少并避免农牧民可能导致的诸多社会

① 实地走访调查的农牧民社区：海南州同德县巴滩的果洛新村，果洛州府大武镇的河源农牧民新村、沁源农牧民村，玉树州结古镇的加吉娘农牧民社区，格尔木市南郊的长江源村、昆仑民族文化村。调查时间为 2014 年 5 月。

问题，除了政府的各类优惠措施外，更重要的是通过农牧民的主观能动性提高其稳定的生计水平和就业机会①，从而实现增收。

青海农牧民的生计行为受诸多因素影响，现有研究多集中于政策、组织体系、特色产业等带来的影响，既影响他们对生计选择的认知与意愿，又影响他们最终的行为决策。在行为经济学相关理论中，关于态度与行为之间关系的研究，通常会认为内在心理感受对个体行为产生一定的预测影响。目前，学术界对该部分的研究多集中在组织公平方面，即在一个组织中，能够通过组织成员的公平内在感受预测出他们即将做出的行为决策。而生计行为也是一种行为决策，内在的公平感知因素对个体的生计行为也是至关重要的，因为这种因素来源于外界干扰，如公共政策等。因此，在研究农牧民增收时，应明确收入来源的行为决策，而行为决策是由农牧民对外界政策的公平感知产生的。

1.1.1.2 生计可持续性降低是农牧民返贫的导火索

农牧业是青海的基础产业，一直以来，我国各级政府都十分重视农牧业的发展，先后制定了一系列促进农牧业发展的政策，围绕着农牧业增效、农牧民增收，稳定提高粮食生产能力，积极推进农牧业结构调整，加快发展畜牧业、农业产业化经营、乡镇企业、多种经营和非农产业，狠抓农牧业科技进步和创新，取得了良好的成效。青海农牧民生计并非简单从事农牧业，还包含了少数民族群体的宗教文化和生活习俗在日常生活中渗透与融入的过程，涉及农牧区经济发展、农牧民生活方式激烈变革等深层问题（杜发春，2014）。农牧民作为青海农牧业发展的最小生计单位，承受着自然、市场、政策等多重生计风险（苏芳等，2009；赵雪雁等，2015）。农牧民生计的可持续性会影响当地区域的可持续发展，甚至影响我国未来乡镇人地关系的发展与走向（吴孔森等，2016）。当前，国内各类关于农牧民政策的实施不仅取得了一定的社会效益，还取得了一部分生

① 赵宗福．青海蓝皮书：2012 年青海经济社会形势分析与预测［M］．北京：社会科学文献出版社，2012.

态效益，许多学者对民族地区经济的重要性和农牧民的生产生活进行了研究（王放等，2003；东梅，2006；张丽君，2013；荀丽丽等，2007；贾耀锋，2016；孟向京，2011），但是积极效应的背后也存在诸多贫困隐忧，如农牧民普遍面临生活水平下降、就业难、创收无门的困境（张丽君等，2011；侯东民等，2014），甚至出现返迁现象（冯雪红，2013；王俊鸿，2012）。更重要的是，由于农牧民后续生计问题得不到很好的解决，大多数农牧民没有稳定的工作，农牧区将会成为“贫民窟”，导致农牧区社会的不稳定（杜发春，2014）。因此，中国经济和社会发展面临的一个重要挑战是有效缓解与消除农牧民贫困①。

1.1.2 理论背景

1.1.2.1 公平感知是实现农牧民增收的重要心理环节

公平问题历来为我国政府所重视，党的十七大报告中多次提到了公平问题，它不仅是创造良好社会环境和推动建设和谐社会的总要求之一，也是推动社会和谐稳定的重要环节之一。在效率与公平的关系研究上，党的十七大报告将十六大报告中“初次分配重效率，再次分配重公平”的提法修订为“初次分配和再分配都要处理好效率和公平的关系，再分配更加注重公平”。由此，把公平问题提升到战略高度的层面。与组织公平感研究相比，直到近些年才对公共政策的公平感有了系统讨论。

近年来，国内学术界对农牧民生计策略开展了不少研究，也取得了一系列有价值的研究成果（苏芳等，2013；赵文娟等，2016；许汉石等，2012；王洒洒等，2014；伍艳，2016；李丹等，2015）。这些研究大多从生计资本、补偿等方面探讨公平对生计策略的影响及不同群体生计策略的模式等，很少考虑到青海农牧民公平状况对其生计策略的影响。近年来，青海农牧民从以往的游牧生产生活方式转变为现代城镇生产生活方式，生存

① 李秀英．人类学视角下的青海藏区牧区贫困［EB/OL］．（2017-01-04）．http：//lcl. cssn. cn/gd/gd_ rwxb/gd_ gdxc_ 1682/201701/t20170104_ 3369155. shtml.

环境、价值观念与组织形式等方面都发生了巨大变化，而传统思想观念制约了农牧民参与后续产业的积极性与主动性。农牧民的公平问题是任何国家都会面临的问题。早在19世纪90年代，以美国社会学家Park为代表的芝加哥学派，就开始针对在美国生活的跨国农牧民社会问题进行研究。随后有很多学者对公平感知的定义（Gordon，1964；Alba Richard et al.，1997）、维度与指标（Colleen and Kennedy，1999；Phinney and Ong，2007）、公平结果（Nekby and Rodin，2010）等方面进行了深入研究。20世纪80年代以来，国内学者根据我国实际状况研究农牧民公平问题，他们大多关注城乡农牧民公平问题（秦立建等，2014；宋月萍等，2012；和红等，2014；崔岩，2012；丁宪浩，2007；张超，2015；周科等，2016）。鉴于我国农牧民工程的复杂性与多民族文化的特征，生计策略选择并不是简单的经济行为，从公平感知视角来看，它是农牧民从自身意愿到不同选择的复杂过程，该过程会受到经济、社会、文化和心理的深刻影响（田明等，2014；王胜今等，2013；向华丽，2013；王佃利等，2011；卢海阳等，2016；田艳平，2014）。在已有的文献中，农牧民的公平感知与生计策略选择关系一直未得到应有的重视，国内尚未有系统深入的研究，该研究直接关系到农牧民生活与社会的稳定。

1.1.2.2 生计方式的选择能够深化完善农牧民可持续生计分析框架

可持续生计分析框架的核心是生计策略（王娟等，2014），而生计策略的选择对于农户生计的可持续发展至关重要。广义上的生计策略包括生产活动、投资策略、生育安排等，狭义上的生计策略一般是指生产活动。农牧民作为青海未来恢复生态与缓解区域贫困的重要主体，其生计策略选择至关重要，而由于农牧民的特殊性与复杂性，以及地理区域等条件限制，提高农牧民生计的可持续性，促使其就近从事非农牧产业，是后续产业发展的必然选择（李强，2003；汤青等，2013；何仁伟等，2013）。在2017—2018年的实地调研中，本书发现农牧民在回答“目前与以往生活方式的变化”时，仅有5.1%的农牧民认为没有什么变化，绝大多数农牧民认为与以往传统农牧业相比，生活方式发生了很大变化；同时，本书发现除了生活补助外，农牧民的收入主要来源于从事藏毯编织、虫草采挖、经商、保安、跑运输、劳务输出等工作。另外，政府有关部门在农牧民技能培训、劳务输出等方面也采取了一些措施，可供选择的、适合农牧民实际情况的替代产业多为非农牧产业①。因此，农牧民的生计是否具有可持续性，对其今后生活具有决定性影响。目前，国内外相关研究主要集中在外来扰动影响下农户生计的脆弱性、农户生计与土地利用、农户生计的变迁与重构，以及农户生计风险等方面，部分学者从微观层面关注农户生计的可持续性（Micah et al.，2009；贺爱琳等，2014；谭灵芝等，2012；何仁伟，2014；李广东等，2012）。其他群体对可持续生计的研究将农牧民作为研究对象的相对较少，而对于诸如农村劳动力转移、城乡流动人口与农民工生计等方面的研究均存在一个统一且核心的观点，即特殊群体的生计方式在可持续生计中处于核心地位（胡初枝、黄贤金，2011；靳小怡等，2011；赵雪雁，2011），并且搬迁后农牧民生计策略选择是提高生计可持续性的重要环节。

因此，本书重点回答以下问题：农牧民公平感知有哪些维度及测量指标？农牧民公平感知有何差异性？公平感知对农牧民生计选择意愿的影响有何差异？公平感知与农牧民生计选择行为有怎样的关系？如何评价公平感知对农牧民生计选择的效果？

1.2 研究目的与意义

1.2.1 研究目的

在国内外现有研究基础上，针对农牧民进行问卷调查，利用定性和定

① 2011年10月14日，苏海红在中国社会科学院“中加农牧民国际会议”上的主旨演讲《青海藏区农牧民后续产业发展研究》。

量相结合的研究方法，从理论和实证两个方面深入探究青海农牧民的公平感知状况，以及公平感知对农牧民生计策略选择的影响，以期进一步完善农牧民公平感知研究的理论体系。通过促进农牧民在生活中对内在公平的感知，调动其对可持续生计的积极性，助力后续产业发展，最终为实现农牧民生活稳定与社会稳定提供科学的政策建议。具体任务如下。

（1）阐释农牧民公平感知的含义，设计能够反映公平感知各个维度的不同层次指标（或指标组），描述农牧民公平感知不同维度的表现与特征。

（2）通过农牧民生计策略选择意愿、生计策略选择行为、生计策略选择效果的计量分析，考察公平感知对农牧民生计策略选择的影响机制和作用效果。

1.2.2 研究意义

1.2.2.1 现实意义

（1）通过界定农牧民公平感知的内涵与外延，测度农牧民的公平感知程度，甄别农牧民公平感知的特征差异，梳理出农牧民公平感知过程中存在的问题，有助于政府清晰把握农牧民的公平感知现实状况。

（2）通过对农牧民生计选择过程进行系统深入的分析，研究公平感知对农牧民生计选择的影响效应及路径，探寻公平感知各个维度对农牧民生计选择影响的差别，为农牧民设计和制定激励政策并为后续的产业发展提供科学而翔实的实证依据。

1.2.2.2 理论意义

（1）通过系统比较国内外公平理论，界定农牧民公平感知的内涵与特征，构建农牧民公平感知度量指标，既能丰富和完善公平理论，又能为农牧民公平感知在经济学中的应用做出补充，从而为农牧民项目提供相关参考依据并得以进一步完善，为青海农牧民增收相关政策的制定与实施提供研究基础。

（2）通过寻觅农牧民不同生计的发展阶段，深入探究农牧民增收的实质，科学地梳理与界定了相关概念，明确了青海农牧民增收的研究范围。通过构建公平感知和生计选择模型，明晰二者之间的关系，从而研究公平感知与增收之间的关系。本书还结合经济学理论、社会学理论和心理学理论，对青海农牧民生计选择机制进行探讨，旨在为农牧民的可持续生计提供科学依据。

1.3 国内外研究综述

1.3.1 公平理论的研究

基于国内外学者的研究，公平理论的发展经历了几个阶段，分别是早期的公平理论、中期的公平理论和后期的公平理论。这些理论的研究与实践对当今社会经济发展具有重要的借鉴意义。

（1）早期的公平理论。

早期的公平理论主要立足于分配层面，以古典自由主义对公平理论的界定为标准，代表了资本主义社会对分配的公平理念，它以自由市场经济理论为依据。休谟、洛克是政治哲学领域的代表人物，斯密是经济学领域的代表人物，当代古典自由主义的主要代表人物有政治哲学家诺齐克和经济学家哈耶克、弗里德曼等。早期的公平理论认为，每个人的自由与权利是不能被他人侵犯的，个人利益大于整个社会的利益，因为人是社会组成的基本单元，只有个人拥有至高无上的自由与权利才能保证社会出现公平。所以，只要在分配过程中充分尊重市场经济中的个人自由，保证人们的基本自由和权利不受侵犯，无论分配结果是什么，采用的分配方式都是公平的。国家的职责是保护市场自愿交换的公平和规范，避免在交换过程中出现欺诈和强迫行为。早期的公平理论认为，市场机制作为实现社会公平的根本保证，更加倾向于推崇自由的市场功能，从而否定了政府在促进社会分配公平中所起的积极推动作用。古典自由主义者提出“机会公平”，反对通过社会再分配途径实现“结果公平”，因为运用政府权力建立的社会再分配制度本质上是将某个社会群体的意志或利益凌驾于整个自由市场经济之上，这样不仅不能实现公平，反而会威胁到自由制度本身。

（2）中期的公平理论。

中期的公平理论主要以福利经济学的功利公平观与收入分配公平观为代表。20世纪初，英国最早出现福利经济学的相关研究，随后传播到欧美等国家，经济史学家将福利经济学划分为新派与旧派。20世纪50年代，新的福利经济学形成。他们认为，当一国的经济福利总和增加时，整个社会的福利水平也会随之上升。如果资源得到最有效配置，整个经济就是最有效率的，从而能实现整个社会的福利最大化。事实上，新旧福利经济学都是根据边沁的思想提出的，都认为市场竞争是有效的，同时政府也应采取措施来矫正“市场失灵”，以实现社会福利最大化。因此，福利经济学的功利主义公平观也认为应以完全竞争市场配置社会资源，并使之优化达到社会总体福利最大化，同时把收入均等化作为社会福利最大化的重要途径。

收入分配公平观认为平等是社会和谐发展的基石，即每个人眼中的社会平等正义成为推动社会发展至关重要的基础。这个理论是由罗尔斯提出的，他认为不平等是由社会文化和个人天赋产生的，前者通过社会制度可以消除，而后者根本不可能解决。对于一个公平正义的社会，这两者都应该被克服，因而他提出了平等自由原则。他强调，各种基本自由作为权利对每一个公民来说都应该是平等的。

（3）后期的公平理论。

后期的公平理论主要以社会主义的公平观为代表。社会主义公平观即社会主义市场经济公平观，它既不同于社会主义计划经济的公平观，也有别于资本主义市场经济的公平观。社会主义公平观既具有市场经济公平观的一般特征（这是常见的特征，也是许多公平理论都具备的基本特征），又具有社会主义市场经济的特征，因此，公平理论的竞争权利与机会均等都是评价公平与否的必要条件。同时，竞争过程中的各项规则与要求也应该是公平公正的，尤其是在个人利益分配方面，既要保证公平平等，又要根据每个人的贡献力度不一致而区别对待。社会主义公平观需要遵循几个原则，分别是共同富裕原则、按劳分配原则、防止两极分化原则、公平和效率辩证统一原则。

1.3.2 农牧民增收问题的研究

自20世纪30年代起，农业发展问题中财政相关政策的支持逐渐为各国所关注，根据学术界的一些研究成果可以看出，当时的学者也都在关注有利于农业的相关政策。美国在1933年制定并颁布了有关农业优化调整的相关法律，之后，一些专家和学者也从财政支出角度分析、探讨了积极有效的财政支农政策对促进经济增长与社会发展的影响，如哈罗德和多马从储蓄与投资的角度研究投资对提升社会生产力和促进经济增长的作用，并通过乘数效应反映社会财富的增加，由此得出增加对农业资本的投入能够促进农业经济增长的结论。在支农政策实施效果的实证研究方面，国外一些学者通过建立计量经济学模型来论证财政在农业经济增长等方面的效应。关于社会收入分配等方面，一些专家学者如库兹涅茨（1955）、阿尔德曼（1978）、阿鲁瓦利亚（1976）和Meier等（1984）、Szeleny Ivan（1978）等，关注一国在社会经济发展过程中各阶层劳动者收入差距变化等问题，其研究焦点侧重发展中国家各阶层劳动者收入差距变化等。结果显示，农民收入增长正处于不利地位。1954年刘易斯创建的二元经济模型，以及后来的劳动力城乡迁移模型（哈里斯-托达罗，1970），共同揭示了工业化过程中农业部门以及劳动者收入差距及其变化规律等。

1.3.3 生计选择研究

1.3.3.1 生计概念的研究与进展

早在20世纪中叶前，就有很多学者开始触及和探索有关“生计”问题的研究。到了20世纪60年代，环境保护的意识促使人类在进化发展的过程中考虑到生计的可持续性。世界环境和发展委员会的报告在20世纪

80年代首次提出“可持续生计”概念。国内已有大量文献延伸拓展了生计概念，并针对农户生计进行了定性和定量研究，主要体现在以下几个方面：有学者从不同视角阐释了生计资本与生计活动的关系（郝文渊等，2014；赵雪雁，2011；苏芳等，2009；王彦星等，2014），还有学者从生计多样化和生计资本的角度研究了土地利用（李翠珍等，2012；梁流涛等，2013），以及乡村生计的可持续性和失地农民利益补偿问题（赵雪雁等，2013；苏芳等，2013；李海燕等，2014；谢晋等，2016）。

1.3.3.2　生计可持续性研究方法与应用

（1）生计可持续性研究方法。

第一，社会排斥研究方法。“社会排斥”的概念可以追溯到20世纪六七十年代的法国，最早用于分析福利性社会政策，如图1-1所示。英国学者Townsen等首先将“社会剥夺”用于生计问题的研究。20世纪末，社会排斥分析框架初步形成，Amartya Sen从社会排斥与贫困之间的关系入手，将社会排斥分为建构性和工具性两种类别的排斥，进一步发展了社会排斥分析框架。社会排斥分析框架主要包括能力、社会排斥和后果，社会排斥框架强调生计、生存能力的改善，对研究特定群体的效果较为明显。

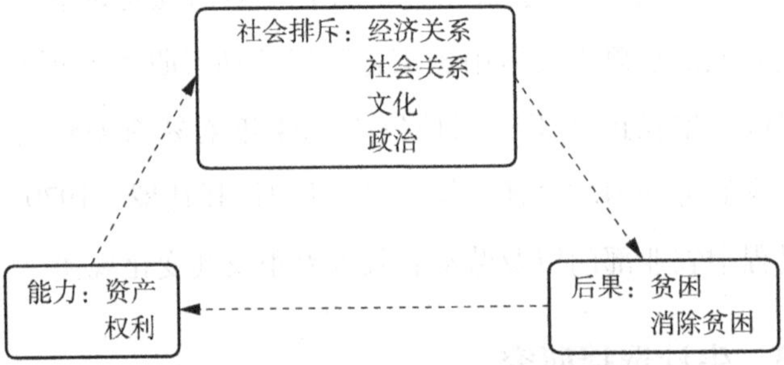

图1-1　社会排斥分析框架

第二，脆弱性分析研究方法。脆弱性分析框架偏重在自然、社会灾害情况下，农户个人和家庭抵御风险、自我恢复能力方面的研究。学者将脆弱性分析框架逐渐从二维分析结构拓展到三维分析结构，如表1-1所示。近些年，脆弱性分析框架的研究不断深入，研究集中在受灾程度、敏感性和恢复能力层面。在这些分析框架中，瑞典斯德哥尔摩环境研究所和克拉克大学提出的脆弱性分析框架，对消除贫困、发展可持续生计的作用较为明显。

表 1-1 脆弱性分析框架

提出者	分析框架	具体要素		
Robert Chambers	内部—外部分析框架	内部因素：防卫和应对途径		外部因素：风险、冲击、压力
Moser	敏感—恢复力框架	敏感性：系统应对外部变化的密度		恢复力：系统对外部变化的反应速度
Wats 和 Bohle	风险—能力—潜力框架	风险：显露在危机、冲击和压力之下	能力：应对危机、冲击和压力风险的能力	潜力：危机、冲击和压力导致危害的风险
Sinha 和 Lipton	危机—脆弱性—恶化框架	危机：风险和冲击发生的规模、频率、强度和力度	脆弱性：暴露在风险和冲击下的不确定性、敏感性	恶化：各种脆弱性的增强

第三，可持续生计研究方法。20 世纪末，英国国际发展署（DFID）、国际发展援助组织和英国一些研究机构通过联合研究，针对农户生计的稳定性和脆弱性问题提出农户可持续生计途径概念。在众多生计分析框架中，DFID 的可持续生计分析框架使用最广泛，如图 1-2 所示。近几年来，国内许多学者也纷纷关注农户生计变迁以及可持续生计研究，并将农户生计研究与国内扶贫、生态恢复、乡村旅游和农村可持续发展等重大战略问题相结合，开展了一些尝试性的案例研究，研究方法也从定性分析转向定量研究。

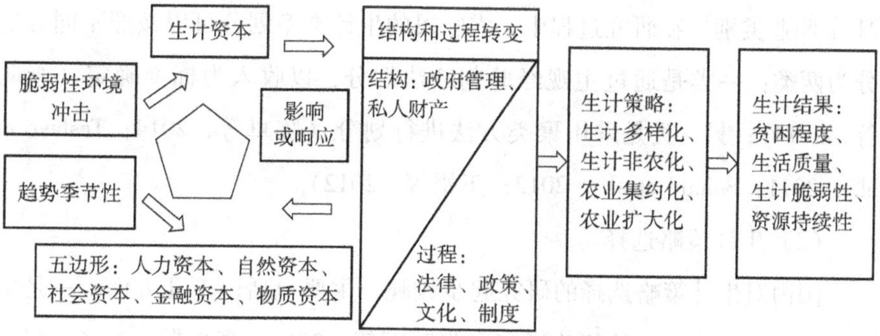

图 1-2 英国国际发展署可持续生计分析框架

（2）农牧民可持续生计的应用研究。

国内学术界将可持续生计分析应用于农村发展和农牧民的研究数量不断增加，大多以大型水库建设、区域生态恢复项目等的工程类农牧民为对象。工程类农牧民的相关研究表明，搬迁对于农牧民生计发展同样产生了十分重要的影响，但研究视角各有不同。关于农牧民非农生计的研究不多，相关研究主要集中在资源和环境变化、文化差异、心理冲击、安置模式等对农牧民后续生计可持续发展造成的影响上（史俊宏等，2012；李聪等，2014）。

1.3.3.3 生计策略研究进展

生计策略的选择对于农牧民生计的可持续发展至关重要，在选择之前需要对农牧民的生计策略类型进行划分，然后分析影响农户生计策略选择的因素。然而，对于农牧民群体来说，无论从其资本禀赋等因素来看，还是从政府政策引导与扶持渠道来看，在农牧民搬迁后面临的都是生计方式的选择问题。

（1）生计的类型。

史俊宏（2015）在研究内蒙古7个牧区的农牧民时，提出了无任何工作、打工（有手艺、无手艺两种）、固定工作以及个体户（小本生意）5种农牧民生计策略类型；安祥生等（2014）则将生计策略分为自由打工、私营企业、自办企业、国有企业和机关事业单位5种类型；孙晓一等（2016）更是对生计策略进行了详细研究，将其划分为8种类型工作单位、21个职业类别。在研究过程中，农牧民的生计类型划分可以按照不同方法分为两类：一类是通过主观经验判断法划分，以收入为标准确定（李聪等，2014）；另一类是采用聚类方法进行划分（陈卓等，2014；Tesfaye et al.，2011；Soltani et al.，2012；王娟等，2012）。

（2）生计策略选择。

国内对生计策略选择的研究起步较晚，主要包括以下几方面：一是生计策略选择影响因素的相关研究（朱建军等，2016；高功敬，2016；赵文娟等，2015；李丹等，2015；郝文渊等，2014；王娟等，2014）；二是生计多样化方面的研究（杨世龙等，2016；伍艳，2015；王洒洒等，2014）；三是从其他视角研究生计策略的选择，如生态补偿、生计风险与生计安全等视角（苏芳等，2013；许汉石等，2012；王成超等，2012）。

1.3.4 文献述评

国内外研究注重理论与实践结合，关于农牧民公平感知与生计的研究分别取得了丰硕的成果，对本研究具有启发和借鉴意义。目前，国内外对农牧民生计策略的研究关注较多，但在国内关于公平感知与农牧民生计方面的研究较少，尚未形成系统的研究体系。总结已有文献，不足之处可概括为以下三点。

第一，农牧民生计选择理论分析框架缺乏，制约该研究领域的深入。对农牧民的生计研究虽然已成为当前国内外研究的热点，但是在研究当中却较少关注农牧民生计选择的内在机制。

第二，公平感知在农牧民可持续生计中的作用得到国内外学术界和社会各界广泛关注，然而还未形成对农牧民公平感知的测量统一标准。

第三，国外学者非常关注公平感知的结果研究，国内学者也逐渐关注公平感知对经济行为的影响，但关于公平感知对生计选择影响的研究仍较少。公平感知如何影响农牧民生计选择尚待深入研究。

1.4 研究内容与方法

1.4.1 研究内容

1.4.1.1 农牧民公平感知的内涵、测量与维度

首先，对公平相关理论进行全面梳理和归纳，从经济学的角度阐释并界定农牧民公平感知的内涵与本质。其次，构建表征农牧民公平感知的各项指标，选择合适的代理变量，以青海农牧民入户调查资料作为数据研究

依据，对青海典型农牧民安置村庄的农牧民公平感知进行测度，利用因子分析法测度总体公平感知水平。最后，依据现有理论和实证研究，拟从分配公平、程序公平、人际公平、信息公平四个维度探讨农牧民公平感知问题，分别从各个维度衡量公平感知的特征，拟采用熵值法或因子分析法等进行测度，比较不同维度的公平度差异。

1.4.1.2 公平感知对农牧民生计选择意愿的影响

首先，重点分析生计选择的原因，比较农牧民生计选择的意愿有何差异。其次，提出该部分的研究假设，拟用多元 Probit 模型分别进行实证检验。

1.4.1.3 公平感知对农牧民生计选择行为的影响

首先，根据现有研究成果，结合青海典型农牧民村庄调查实际情况，拟将农牧民生计策略划分成三个类型，即纯农牧型生计策略、兼业型生计策略、非农牧型生计策略。其次，拟对农牧民生计选择行为进行描述性统计分析，由此评价其非农牧民生计策略选择行为，并比较不同生计策略选择行为之间存在的差异。最后，提出该部分的研究假设，拟采用二元 Logit 模型分别检验公平感知对三种生计策略行为的影响，并分析公平感知的不同维度在生计策略选择行为中的作用。

1.4.1.4 公平感知对农牧民增收效果评价研究

该部分重点考察公平感知对农牧民生计策略选择效果的影响效应，即公平感知对农牧民的增收效果，试图回答公平感知各个维度对生计策略选择效果的作用机制。首先，根据相关理论研究基础，选取农牧民生计策略选择效果评价指标，拟利用合适变量表征生计策略选择效果。其次，运用实地入户调查数据对农牧民健康、教育、生活水平进行分析，并探究生计策略选择的效果。最后，提出该部分的研究假设，拟采用 Heckman 模型和内生转换模型分别检验公平感知对生计策略选择的影响效果，同时比较评价不同生计策略类型选择效果。

1.4.1.5 结论与政策建议

该部分通过对本文的研究成果进行总结，结合青海农牧民公平感知存在的困境等问题，提出实现农牧民选择不同生计可持续性策略及缓解贫困的具体规划，进一步凝练出能够在更大范围推行的、有效的行动方案，进而为相关部门政策的制定提供具体而有操作性的政策建议；提出本研究的不足之处以及未来需要进一步研究的方向。

1.4.2 研究方法

（1）拟采用客观赋权法对公平感知测算指标体系的指标赋权。变异系数法是一种客观赋权法，变异系数本质是权重系数，是根据各个指标值的差异程度决定的，即差异程度越大，该指标分配到的权重越大，能较为客观地反映各评价指标在综合评价指标体系中的重要性。拟选取分配公平、程序公平、人际公平、信息公平包含的一些指标来表征公平感知。熵值法的计算过程如下：①对各指标进行无量纲化处理，避免量纲对计算结果的影响；②确定第 i 个评价指标在第 j 个评价指标上的比例值为 P_{ij}；③确定第 j 个评价指标的值为 e_{ij}；④计算指标 X_j 的差异性系数 g_j；⑤确定权重系数 w_j；⑥对公平感知进行测算。

（2）拟采用因子分析法测度公平感知指数。因子分析法主要采用降维的思想，将一系列可能具有多重共线性的指标通过矩阵转换，提取出能够反映原始数据多数信息的主因子，并对其命名，形成新的指标。例如，公平感知可以用分配公平、程序公平、人际公平、信息公平等指标测度。

（3）在计量模型中，通常假定被解释变量为连续性变量，但实际问题中也可能出现非连续性变量的情形。本研究中，农牧民生计策略转型意愿包括愿意选择转型和不愿意选择转型两类，因此用二项 Logit 模型验证农牧民公平感知对生计策略转型意愿的影响，将样本农牧民生计策略转型意愿分为愿意和不愿意，分别赋值为虚拟变量“0”和“1”，并用以下公式进行参数估计：

$$\text{logit}(P)=\beta_0+\beta_1 x_1+\cdots+\beta_n x_n \tag{1-1}$$

式中，P 为农牧民生计策略转型意愿从不愿意到愿意发生的概率；x_1 为农牧民的公平感知；x_n 为控制变量。通过上述 Logit 变化，因变量取值范围从负无穷到正无穷，能更好地满足数据分析要求。通过对式（1-1）进行变换，可进一步推导出概率 P，公式如下：

$$P=\exp(\beta_0+\beta_1x_1+\cdots+\beta_nx_n)/[1+\exp(\beta_0+\beta_1x_1+\cdots+\beta_nx_n)] \quad (1\text{-}2)$$

（4）拟采用多元 Probit 模型验证农牧民公平感知对生计策略选择意愿、行为的影响。当因变量为多元的、非连续型变量时，可采用多元 Probit 模型进行估计，公式如下：

$$\Phi^{-1}(P)=\alpha+X'\beta \quad (1\text{-}3)$$

式中，Φ 为累计标准正态分布函数；Φ^{-1} 为其反函数，即概率密度函数；α 为截距项；$X'\beta$ 为概率密度函数值，服从标准正态分布。

（5）Heckman 两阶段模型。拟将农牧民公平感知的两个阶段，即是否公平和公平程度引入模型进行估计，构建模型如下：

$$y_{i1}^{*}=x'_{i}\alpha+\mu_i \qquad y_{i1}=\begin{cases}1，当\ y_{i1}^{*}>0\ 时\\0，当\ y_{i1}^{*}\leqslant 0\ 时\end{cases} \quad (1\text{-}4)$$

$$y_{i2}^{*}=z'_{i}\beta+\varepsilon_i \qquad y_{i2}=\begin{cases}可观测值，当\ y_{i2}^{*}>0\ 时\\不可观测值，当\ y_{i2}\leqslant 0\ 时\end{cases} \quad (1\text{-}5)$$

式（1-4）表示选择方程，式（1-5）表示结果方程。式中，y_{i1}^{*} 和 y_{i2}^{*} 为潜变量；y_{i1} 和 y_{i2} 为因变量；x'_i 和 z'_i 为自变量的向量；α 和 β 为待估计系数；μ_i 和 ε_i 为残差项；i 为第 i 个样本。根据式（1-4）和式（1-5），构建无条件概率模型如下：

$$\text{prob}(y_{i1}=0\mid x_i，z_i)=1-\Phi_1(x'_i\alpha) \quad (1\text{-}6)$$

$$\text{prob}(y_{i2}=0，y_{i1}=1\mid x_i，z_i)=\Phi_2(-z'_i\beta，x'_i\alpha，-\rho) \quad (1\text{-}7)$$

$$\text{prob}(y_{i2}=1，y_{i1}=1\mid x_i，z_i)=\Phi_2(z'_i\beta，x'_i\alpha，-\rho) \quad (1\text{-}8)$$

式中，$\Phi_1(*)$ 代表标准正态分布函数；$\Phi_2(*)$ 代表累计二元正态分布函数。根据数据可得性与研究目的，将 y_i 分别作为农牧民感知是否公平和公平程度的因变量，将 x_i、z_i 分别作为自变量及识别变量，其中，识别变量是为保证模型（1-4）估计的可识别性，模型（1-4）中至少要包含一个不在模型（1-5）中出现的变量，且这些变量对模型（1-4）中的因变量有直接影响效应，但对模型（1-5）中的因变量没有直接影响效应。将模型（1-6）至模型（1-8）扩展如下：

$$\text{prob}(y_{i1}=0\mid x_i,\ z_i)=1-\Phi_1(\alpha_0+\sum_{k=1}^{16}\alpha_k x_{ki}) \tag{1-9}$$

$$\text{prob}(y_{i2}=0,\ y_{i1}=0\mid x_i,\ z_i)=\Phi_2(-\beta_0-\sum_{k=1}^{14}\beta_k z_{ki},\ \alpha_0+\sum_{k=1}^{16}\alpha_k x_{ki},\ -\rho) \tag{1-10}$$

$$\text{prob}(y_{i2}=1,\ y_{i1}=0\mid x_i,\ z_i)=\Phi_2(\beta_0+\sum_{k=1}^{14}\beta_k z_{ki},\ \alpha_0+\sum_{k=1}^{16}\alpha_k x_{ki},\ -\rho) \tag{1-11}$$

式中，α_0 和 β_0 为常数项。对实证模型采用极大似然估计，可得相应待估计系数与检验所需统计量。

（6）内生转换回归模型的两阶段估计思路为，首先对选择方程进行估计，其次对结果方程进行估计。估计方程如下：

$$Z_i=W_i\eta+\omega_i \tag{1-12}$$

$$income_{i1}=X'_i\beta_{i1}+\varepsilon_{i1},\ \text{if}\quad Z_i=1 \tag{1-13}$$

$$income_{i0}=X'_i\beta_{i0}+\varepsilon_{i0},\ \text{if}\quad Z_i=0 \tag{1-14}$$

基于以上内生转换模型方程（1-13）和方程（1-14），拟将高水平公平感知农牧民与低水平公平感知农牧民的家庭收入方程分别表述为式（1-15）和式（1-16）：

$$E(income_{i1}\mid urban\_\ integration_i=1)=X_i\beta_1+\sigma_{1\mu}\lambda_{1i} \tag{1-15}$$

$$E(income_{i0}\mid urban\_\ integration_i=1)=X_i\beta_0+\sigma_{0\mu}\lambda_{0i} \tag{1-16}$$

对于高水平公平感知农牧民而言，其家庭收入的平均处理效应（ATT）由式（1-15）和式（1-16）相减得到：

$$ATT=E[income_{i1}\mid Z_i=1]-E[income_{i0}\mid Z_i=1]=X_i(\beta_{i1}-\beta_{i0})+\lambda_{i1}(\sigma_{v1}-\sigma_{v0}) \tag{1-17}$$

1.5 研究思路

本书主要沿着“公平感知测度—公平感知对生计转型的影响—公平感知对生计策略选择意愿的影响—公平感知对生计策略选择行为的影响—公

平感知对增收效果的影响—政策建议”这条内在逻辑线路展开。将青海农牧民作为研究对象，以公平理论和计划行为理论等为指导，构建公平感知视角下青海农牧民生计策略选择行为理论分析框架，从公平感知视角研究青海农牧民生计策略选择的内在机制，具体思路如下。

（1）从青海生态环境的现实背景和农牧民生计的微观主体出发，提出现实需要解决的关键问题，即青海农牧民的生计策略选择问题。

（2）梳理国内外有关增收与公平等的理论研究，进一步对现有研究的侧重点与容易忽视的问题进行阐述，提出本研究的研究视角，与现实问题进行对比并凝练总结出本课题的科学问题，即青海农牧民的公平感知及对其生计策略选择影响的研究。

（3）以公平理论、计划行为理论、身份经济学等为理论指导，构建公平感知对农牧民生计策略选择影响的理论模型与分析框架，作为本研究的理论架构。

（4）根据本课题的理论分析框架，界定农牧民公平感知的内涵，划分农牧民公平感知维度，通过构建的指标体系测度农牧民公平感知度，同时分析农牧民公平感知不同维度的特征及差异，厘清公平感知相关研究，这是本研究的出发点。

（5）通过识别生计选择类型，探究不同生计类型的特征，试图寻找这些类型间存在差异的原因，分析公平感知对各种生计选择意愿的影响程度，以此验证该部分提出的研究假设。

（6）在阐述不同类型农牧民生计选择行为特征的基础上，探究农牧民的公平感知和生计选择行为之间的关系，揭示公平感知对生计策略选择行为的作用机制，探究公平感知各维度中的什么因素促进或阻碍了农牧民生计选择行为，以及这些主要因素有何差异，以验证该部分提出的研究假设。

（7）综合农牧民公平感知对增收效应的评价，即公平感知对生计选择产生的效果，以及分析不同结果背后的原因，以此验证该部分提出的研究假设。

（8）总结理论分析和实证检验的结果，阐述农牧民公平感知中的困难及生计选择过程中的障碍，通过提高农牧民的公平感知程度促进农牧民生计选择行为，以期通过提升农牧民的公平感知水平，缓解贫困和保障生计可持续性，最终实现社会和谐与稳定，为相关政策的制定提供理论参考和实际借鉴。

1.6 创新之处

（1）研究视角的创新。已有研究较多地关注各类政策对农牧民增收的影响，但各级政策只是一种外在的激励手段，不能起到长期有效的积极作用。忽略了对农牧民内在感知心理因素的研究，因为公平感知是一种主观与客观相结合的心理过程，对农牧民为了达到增收目的而选择相应的生计方式具有持久性影响，公平感知是促进农牧民选择合适生计方式的重要方面，这恰恰是缓解贫困和提高生计可持续性的保障基础（杜发春，2014）。本研究通过统计学中潜变量的方法，将不易观察和描述的公平感知的特征显化，设计合理的问项表征农牧民公平感知，构建农牧民公平感知的指标体系，并利用因子分析法将公平感知量化，具有一定的探索性。

（2）研究内容的创新。已有研究较多地从多视角关注收入与贫富差距等问题，但对生计选择对收入的影响研究不够深入，而农牧民群体更需要关注其生计问题（杜发春，2014）。值得一提的是，国内外学术界对公平感知的研究侧重点有些差异，国外学者比较关注对公平结果的研究，而国内学者大多聚焦对公平影响因素的研究，尽管已有学者提出了公平感知对劳动力供给行为的影响（卢海阳，2015；蔡昉，2013），但尚未形成较为成熟的基于中国情境和针对不同群体公平感知的理论研究及政策框架。本书聚焦公平感知对农牧民生计选择意愿和选择行为的影响，从而促进农牧民的增收效果，在内容上具有一定的创新性。

根据研究的理论逻辑与思路，设计技术路线如图 1-3 所示。

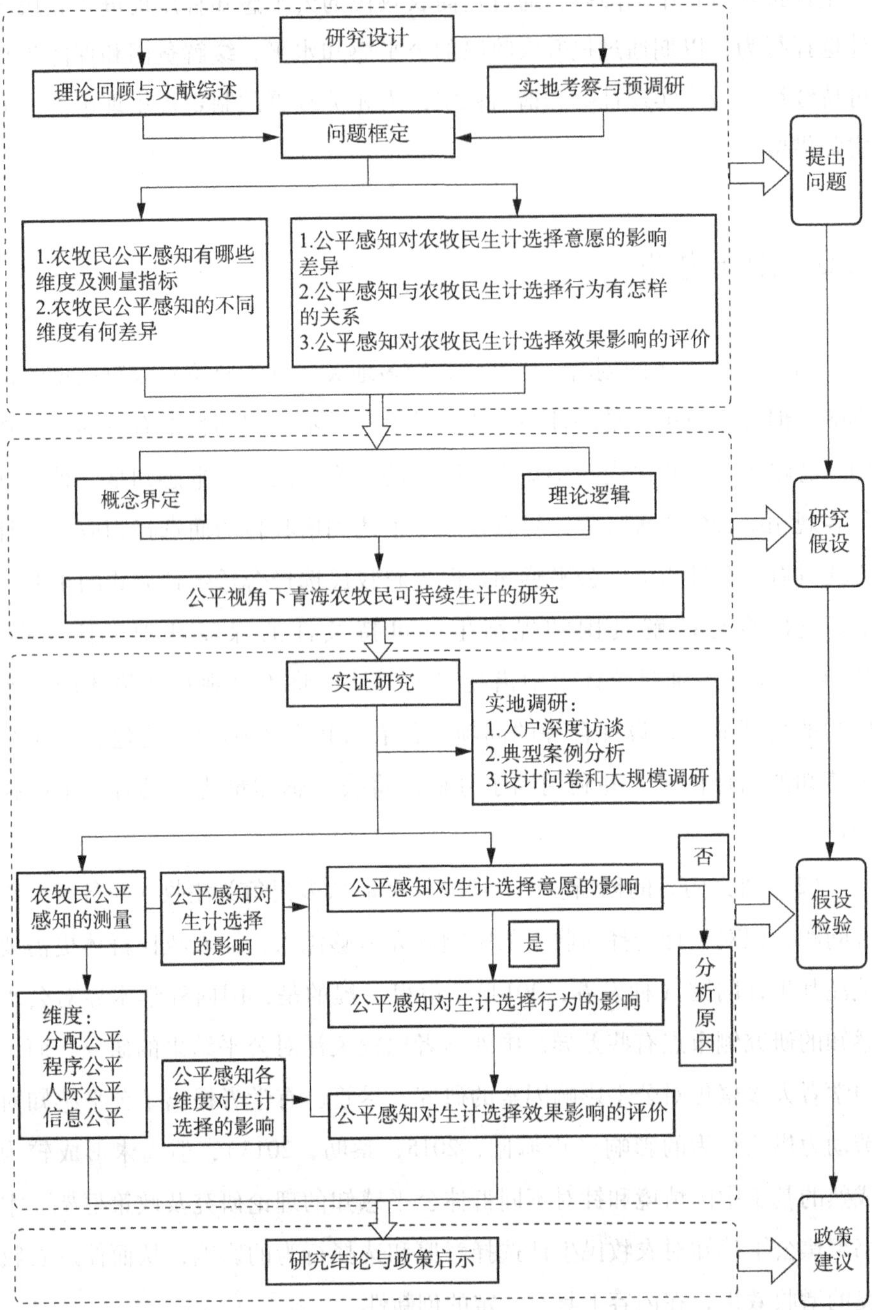
研究设计
理论回顾与文献综述
实地考察与预调研
问题框定
1.农牧民公平感知有哪些维度及测量指标
2.农牧民公平感知的不同维度有何差异
1.公平感知对农牧民生计选择意愿的影响差异
2.公平感知与农牧民生计选择行为有怎样的关系
3.公平感知对农牧民生计选择效果影响的评价
提出问题
概念界定
理论逻辑
公平视角下青海农牧民可持续生计的研究
研究假设
实证研究
实地调研：
1.入户深度访谈
2.典型案例分析
3.设计问卷和大规模调研
否
农牧民公平感知的测量
公平感知对生计选择的影响
公平感知对生计选择意愿的影响
是
分析原因
假设检验
公平感知对生计选择行为的影响
维度：
分配公平
程序公平
人际公平
信息公平
公平感知各维度对生计选择的影响
公平感知对生计选择效果影响的评价
研究结论与政策启示
政策建议

图 1-3　技术路线

第2章

概念界定与理论基础

2.1 核心概念界定

2.1.1 公平感知

公平，是指对待个体或事情没有任何偏袒，处理事情时合乎情理，参与到某项工作任务中的每个人都能够按照自身的付出得到应有的回报。然而，如果出现某个个体付出了很多，却获得了较少回报；或者某个个体付出了很少，却得到了很多回报，就会导致不公平现象出现。从主观与客观两种因素来看，公平可以有两种定义：一种是客观公平，是指资源在分配过程中或者分配结束后产生的公平；另一种是主观公平，是指个体在评价自身的付出与收获时产生的公平。总而言之，公平不仅是一种客观存在的事实，也是一种主观认知。对于客观存在的公平更多的是通过一些客观的经济指标来衡量，如基尼系数或恩格尔系数等，这些都可以表征一个国家或一个地区存在的公平程度；主观认知的公平是学者研究的公平感知，是指个体或社会群体等主体通过一定的标准进行对比、分析，最终评价出公平与否的心理过程。公平感知也属于心理学范畴，是一种内心的活动，主要表征了人们对各种利益团体或各级组织的评价感受（肖云忠等，2016）。

目前，国内外学术界在研究组织公平感知时，将影响公平感知的变量分为三类：一是针对结果，是指自己的收入结果、晋升结果、工作结果、奖励结果；二是针对组织，是指组织成员的价值观与组织文化的价值观是否相符；三是针对绩效，是指组织公平划分为各个不同维度对绩效的影响。

公平实际上来源于现实生活，它的本质属于事实，而个体内在的公平感知则是由此产生的具体的、具有启发式的感知表现。Lind（2001）提出，个体在对公平的高低水平进行评判时，通常会根据现实情况产生的主观感受进行，这样可以避免个体对事物的认知差异性。值得一提的是，尽管学者对公平感知的理解存在分歧，但从以上可以看出，公平感知概念至少包含以下几点：①公平感知是一个独立的概念，也是全球化背景下社会发展的平等理想目标；②公平感知的目标是提高全体社会成员的福利，促进社会包容、实现公正平等，以促进人类共同发展；③公平感知是一种试图影响过程的动态努力，强调人们在生活各方面的主观性；④公平感知是一个多维度、多层面的概念，涵盖分配、程序、人际与信息等方面的公平。

2.1.2 农牧民增收

根据收入的相关理论，收入可以根据来源细分为四类，分别是工资来源的收入、自主经营来源的收入、转移来源的收入、财产来源的收入。为了深入研究收入的内部结构，将收入看作由不同类型收入组成的集合体。其中，工资来源的收入主要是指劳动者从事具有长期稳定收入的工作而获得的劳动报酬；自主经营来源的收入主要是指劳动者通常以家庭为经营单位，经过生产与管理具有自主性质的劳动活动而获得的报酬；转移来源的收入不是劳动者通过劳动得到的劳动报酬，而是通过政府的转移支付方式或他人赠予的方式得到的收入；财产来源的收入主要是指资产所有者会向其他组织提供一些资金，或者向这些组织提供一些非资产类的有形物，其中产生的作为回报的收入。为提高农牧民的收入，一方面，拓宽这些不同来源的收入渠道都是为农牧民增收开辟的新路径；另一方面，需要探究影响农牧民收入的因素。实际上，地区的经济增长是可以带来涓滴效应的，某一地区的经济发达既能够直接惠及居民的收入增长，也会减少贫困（Aghion and Bolton，1997）。由于收入的内部结构具有不同性质，地区经济结构的差异性也会对居民收入产生一定程度的影响（Chenery et al.，1986；李克强，1991）。对于农牧民的收入增加问题，主要体现在农业产业的收入提升方面，而农业产业的产出实际上是农业各个生产要素投入的相关函数（Douglas，1976）。在这里提到的农业生产要素主要是指劳动、资本、土地与技术，其中农业劳动实际上就是生计行为的一种外在表现。另外，资本禀赋、土地或者技术创新等也是提升农牧民收入的途径，然而对于青海来讲，劳动与资本尤为重要，因为经济欠发达的青海主要以牧业为主，相比较而言，土地与技术对于农牧民的增收起到的作用并不明显。此外，农产品和畜牧产品的价格与贸易量也会对农牧民的收入造成一定影响（蔡昉、王德文，2005；林毅夫等，1998；林毅夫，2003）。

20世纪80年代，中国乡镇企业的发展对农民收入增长起到了重要作用（林毅夫等，1998；张车伟、王德文，2004），在浙江等沿海地区，以农村产业集群为代表的农村工业化萌芽和发展带来了农民的收入增长（Ruan and Zhang，2009）。另外，家庭联产承包责任制（朱农，2005；林毅夫等，1998；McMillan et al.，1988；Lin，1992）、土地产权制度等农村体制的变革对农民收入的影响也是直接的。中国金融发展、教育（Schultz，1964）、健康人力资本（刘国恩等，2004）等对农民收入也造成一定影响。然而，近年来在学术界，学者在研究过程中发现农牧民的收入问题更多地与其就业问题有着密不可分的关系（蔡昉、王德文，2005）。仅仅依靠农业产业的发展，很难给农业收入带来决定性的改变，也无法为从事农业的劳动力提供更多的就业机会（David and Otsuka，1994；张车伟、王德文，2004）。农业方面的收入对农牧民的增收已不再起主导作用，而非农业方面的收入反而逐渐成为推动农牧民收入增加至关重要的因素（钟甫宁、何军，2007；蔡昉、王德文，2005）。对于农村而言，劳动力的转移逐渐成为农村劳动力取得非农就业机会最普遍的方式（De Brauw et al.，2002；钟甫宁、何军，2007），因此需要依靠劳动力市场的调节（Johnson，1953；Gardner，2002）建立全国统一的大市场，才能为更多从事农业的劳动力提供更大的就业平台（林毅夫，2003；蔡昉、王德文，2005；钟甫宁、何军，2007）。

因此，本书主要针对农牧民从事的农牧业生产、兼业生产与非农牧业生产获得的收入，着重研究农牧民如何通过不同生计方式选择实现增收的目的。基于2016—2019年在青海藏族地区的预调研与大规模实地调查，对农牧户进行了深入访谈，系统梳理了关于农牧民的已有研究，结合青海实际情况，将农牧民增收定义为：生活在青海藏族地区的农牧民，以往习惯传统的游牧生活，为了提高收入水平，通过选择不同的生计方式增加收入的过程。农牧民增收类型包括纯农牧型生计、兼业型生计与非农牧型生计。

2.1.3 生计策略

广义上的生计策略包括生产活动、投资策略、生育安排等，狭义上的生计策略一般是指生产活动。而根据生计策略为家庭收入带来贡献程度的不同，可以将其划分为纯农业的生计、非农业的生计、纯农业与非农业混合的生计三种类型。朱建军等（2016）将生计策略界定为为了实现生计目标而采取的行动和选择。一般认为，生计策略主要包括外出务工、自主经营和人口迁移等方面。从农户生计策略分类的具体方法来看，目前主要有两类：一类是研究者通过主观判断设定具体的划分标准，将农户划分为不同类型，如有手艺打工、无手艺打工、创业、固定工作、无工作等（王利平等，2012；安祥生等，2014；孙晓一等，2016；李翠珍等，2012；黎洁，2016）；另一类是运用聚类分析方法对农户进行类型划分（陈卓等，2014）。也有研究直接以当地的生计活动类型作为非农生计策略类型，如李聪等（2014）将生计策略（活动）划分为纯农、外出务工和非农自营三类。相比较而言，采用聚类分析方法划分的结果更客观。Tesfaye等（2011）和Soltani等（2012）以各种收入在总收入中的占比为指标，将主成分分析与聚类分析相结合对农户生计策略进行分类。王娟等（2014）也采用该思路进行了相关分析。

因此，本研究根据收集整理的相关资料及预调研过程中对三江源地区生态移民户的访谈，初步界定生态移民生计策略选择是指包含传统农牧业、兼业、非农牧业的全部劳作型生计，包括纯农牧型生计、兼业型生计、非农牧型生计。

2.2　理论基础

2.2.1　可持续生计理论

可持续生计是发展经济学研究的主题之一。关于生计的相关概念，最早与贫困问题紧密联系，后常见于乡村发展、农户生活等方面的研究，由于国内外学者对生计的研究学科与研究范围有所不同，所以对生计概念的界定存在一定差异。直至 20 世纪 80 年代，“可持续生计”一词才被联合国世界与环境发展委员会正式提出，它主要强调不仅需要保护环境与社会发展，更需要重视持续性保护与发展层面。因此，可持续生计的发展理念直到今天都为全球各界所认同。

学术界对可持续生计的相关研究起源于 20 世纪 90 年代，通过实践引发的贫困等问题逐步开始探索与尝试性的研究，由此各国政府与相关组织也积极参与到可持续生计的研究中，相应地产生了几种具有代表性的可持续生计分析方法，即 DFID 提出的可持续生计分析框架、联合国开发计划署（UNDP）提出的可持续生计分析框架和国际救援关怀组织（CARE）提出的可持续生计分析框架（冯茹等，2015）。这三类可持续生计分析框架中，DFID 的可持续生计分析框架成为研究可持续生计的主流理论，其认可度与运用度最高，该框架强调的是在政策方面的行动力对生计产生的可持续影响；UNDP 提出的可持续生计分析框架也是一类重要方法，该框架更多地关注人们拥有的各类资源，对不同资源合理配置以达到为人们增收的目的，这个框架还包括各类资产、生计能力等因素；CARE 属于美国的非政府国际组织，是国际三大救援机构之一，由于提出组织性质的特殊性，该框架更多地重视弱势群体生计能力的可持续发展，注重个人内在与社会外界两个方面的激励作用，框架中包含生计内容、生计策略与生计结果（表 2-1）。

表 2-1　三类可持续生计分析框架比较

发布机构名称	发布年份	生计资本内容	侧重点
UNDP	1995	资本六边形（自然资本、物质资本、社会资本、人力资本、政治资本、金融资本）	将资本划分为有形资本和无形资本
CARE	1994	资本三边形（人力资本、社会资本、经济资本）	强调了自我激励和社会激励两种类型
DFID	2000	资本五边形（人力资本、社会资本、物质资本、自然资本、金融资本）	应重视政府作用

相较于其他机构典型的可持续生计分析框架，DFID 的可持续生计分析框架被广泛应用且最受学术界关注。2000 年，DFID 在可持续生计农村咨询委员会（IDS）等组织机构研究基础上提出了可持续生计分析框架（SLA），该框架由五部分模块组成，分别是脆弱性背景、生计资本、结构与过程转变、生计策略、生计结果，其中生计资本包括自然资本、人力资本、社会资本、物质资本、金融资本 5 种资本。国外学者通过研究 SLA 中不同组成部分之间的相互关联，发现各个模块既相互独立又相互影响（Tacconi et al.，2009）。在此基础上，国内学者对可持续生计的研究逐步从点到线再到面，且研究逐步加深，其中最常见的是对 SLA 5 个模块的每个模块进行深入探讨：一是针对脆弱性，学者大多运用脆弱性分析研究框架，构建研究对象的生计脆弱性评价模型与指标体系，以研究生计脆弱性的变化，为实现可持续生计探索有效的策略（赵峰等，2009；励汀郁等，2018；刘伟等，2018；梁爽等，2019）；二是针对生计资本，学者将生计资本作为自变量或因变量，探究生计资本的影响因素或在个体行为中起到的作用，发现生计资本中自然资本、金融资本、人力资本、社会资本与物质资本在不同的研究情境下的贡献度不尽相同，每种资本均具有非常重要的研究价值与研究意义（邝佛缘等，2017；翟黎明等，2017；李聪等，2019）；三是针对结构与过程转变，对于政策的聚焦成为该部分研究的主流，政策在实践过程中往往会面临一些问题，为进一步完善政策机制，提高政策的可行性，学者详细解读了生计视角下政策的实施情况，以更好地为政策制定与落实提供有力的理论依据（康晓虹等，2018；龙彦亦等，

2019）；四是针对生计策略，通过对不同地区劳动力群体的实地调查研究，采用实证模型分析不同生产决策下形成的生计策略的差异性，从而选择出劳动力群体最优的生计策略（王娟等，2014；朱建军等，2016；苏芳等，2017；蔡洁等，2017）；五是针对生计结果，学者通常将家庭收入、可持续发展、生活水平等作为生计结果的衡量标准进行研究（吴孔森等，2016；胡晗等，2018）。

2.2.2 公平理论

公平理论最早源于心理学研究领域，属于个体的内在感知范畴。20世纪60年代，美国心理学家亚当斯（J. S. Adams）提出了社会比较理论，实际上也是公平理论的内容。公平理论涉及个体的内在心理感知层面，最初的很多研究是针对劳动者个体在薪酬分配过程中产生的公平性与合理性感知，劳动者个体内在心理产生的微妙变化如果是公平与合理的，个体的内在心理感知就是良好的；如果是不公平与不合理的，个体的内在心理感知就是不佳的，这直接影响了劳动者个体行为的积极性。

亚当斯发现，在一个组织中，劳动者个体在进行生产的过程中不仅会下意识地关注不同劳动个体之间的差异，也会关注对自己现在的付出和收获与过去的付出和收获进行比较。劳动者个体需要保持分配上的公平感，当他发现自己的收支比例超过他人和过去的自己时，他就会感受到内在的公平，并认为这是一种公平的待遇，从而会积极地投入工作，进而提高工作效率；反之，当他发现自己的收支比例不如他人或过去的自己时，他会产生不公平感，内心不满，从而消极怠工，降低工作效率。由此可见，公平理论多针对个体报酬，涉及劳动者的生产效率，这不仅取决于劳动者个体的实际报酬，还取决于分配报酬过程中产生的内在公平感。

公平理论的主要内容是个体行为的积极性，来源于公平正义的程度，个体的内在公平感实际上是根据历史比较和社会比较得到的。

（1）分配层面的公平。

分配层面的公平主要是指在报酬、福利等物质方面获取的公平感。一般而言，在一个组织内部，作为劳动者个体的内在公平实际上来源于比较工资、比较待遇、比较福利等。那么，员工通过比较自身与同事产生的公平感知，便是基于衡量自己的付出与获得的比例得到的。组织内部的劳动者个体往往会把自身的工作行为与在组织中感受到的公平紧密地联系在一起，他们认为这种内在的公平感是直接影响其选择如何工作的重要因素之一。

（2）程序层面的公平。

程序层面的公平不仅涉及程序的制定，还涉及程序的落实状况。程序层面的公平体现在以下几个方面：一是过程控制与决策控制，主要是指在解决问题过程中产生的公平与做出决策时产生的公平；二是在员工受到公平待遇或获得尊重时产生的公平；三是根据不确定性管理理论，劳动者个体对组织产生的公平感往往来源于其身处在不确定的环境中，这种环境的不确定性越高，劳动者个体就会越关注程序层面的公平。

（3）人际层面的公平。

人际层面的公平是指劳动者个体在与他人互动的过程中感受到被关注、被重视、被尊重的程度（Colquitt，2001），这是个体在人际交往过程中感受到的公平感，能在一定程度上反映个体在沟通交流过程中的人际交往质量，以及被对待的自我认知，传达了沟通过程的具体态度（朱其权等，2012）。Brockner 和 Wiesenfeld（1996）在研究组织内公平的具体表现时，发现人际公平来源于管理者对员工的尊重。与程序层面的公平和分配层面的公平不同的是，人际层面的公平在预测员工对领导的反应以及个体对环境的反应时发挥着重要作用。

（4）信息层面的公平。

信息层面的公平是指领导者或者管理者对于某项信息传递过程中接受信息方与发送信息方的公平感知。信息层面的公平立足于组织公平与组织绩效之间，将组织的公平感划分为多个维度，发现组织公平感是影响组织效果的重要因素之一。

2.2.3 计划行为理论

计划行为理论与理性行为理论一样，都作为行为改变理论的研究范畴被学术界关注。早在20世纪70年代初期，美国心理学家Fishbein和Ajzen就通过大量实验证明个体行为是有规律可循的，且个体在做出行为决策时比较理性，会在衡量某个行为可能产生的结果后进行仔细评估，然后做出是否形成该行为的决策。该理论常被用于学术界研究行为意向与行为过程，在反复论证和检验后形成了能够预测个体态度与行为的理性行为理论，内容包含态度、主观规范、行为意向和行为四个部分。虽然理性行为理论能够很好地预测与诠释个体意向如何指导行为的产生（Sheppard et al.，1988），但是理性行为理论存在一个难以突破的局限性，即个体在产生自身行为时可能并没有受到实际意向的控制（Greiner，2015）。在实践中，个体行为并非完全由自我意识控制，而是由外界条件与内在因素综合控制。其中，外界条件能够对个体行为的发生起到有效控制作用，如个体拥有的资源禀赋、机会与能力等（Ajzen，1985）；内在因素能够对个体行为有更好的说服力与解释力，如个体的感知。由此，Ajzen（1991）提出了计划行为理论，该理论内容包含态度、主观规范、感知行为、行为意向和行为5个部分，如图2-1所示。其中，态度代表个体对从事某一目标行为正面或负面的情感，是由行为结果的主要信念以及对这种结果重要程度的估计决定的；主观规范代表个体认为对其有重要影响的人希望自己采用某种行为的感知程度，是由个体对其认为应该如何做的信任程度，以及自己对于他人意见保持一致的水平决定的；感知行为代表个体的内在心理因素对个体行为与产生的意向均具有控制的作用，是克服理性行为理论缺陷之后，考虑加入内在因素的一个表现；行为意向则代表个体打算从事某项特定行为的度量，是一种意愿；态度和主观规范共同决定了个体的行为意向，进而影响到行为。计划行为理论是对理性行为理论的进一步发展，强化了对个体行为的预测能力，同时，任何对个体行为具有解释能力的因素都可以被纳入该理论的分析框架。因此，在预测个体“理性”行为时，计划行为理论表现出很强的优越性，对行为具有较好的解释能力。

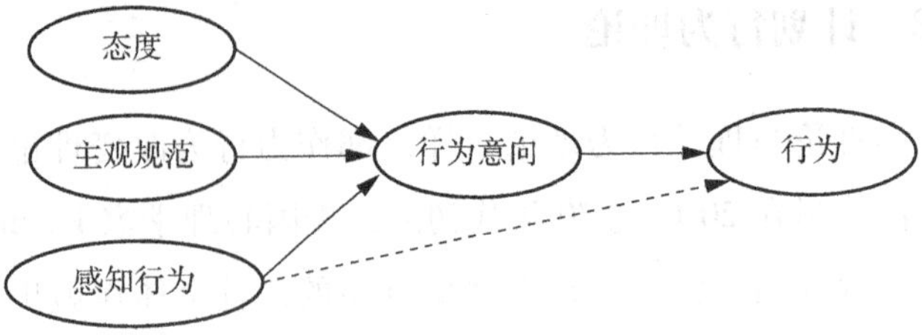

图 2-1 计划行为理论模型

2.3 公平感知对农牧民增收效应的影响机理

公平理论中将公平感知视为个体的心理感受，直接影响个体的态度、意愿与行为。因此，农牧民的公平感知有可能会影响农牧民生计转型的态度、生计选择意愿与生计选择行为。本书从分配公平、程序公平、人际公平、信息公平 4 个维度深度剖析了公平感知对农牧民生计转型、生计选择意愿、生计选择行为产生影响的内在作用机理，从而构建出本书的理论分析框架（图 2-2）。

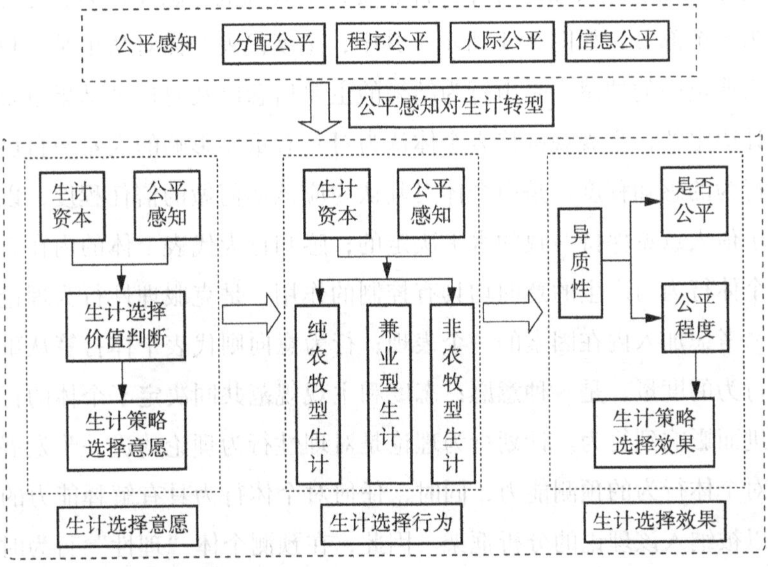

图 2-2 公平感知对生计选择的影响机理

2.3.1 公平感知对农牧民生计转型的影响

基于公平理论的相关内容，公平感知实际上是一种内在的心理感受，生计转型的第一步同样属于内在感知范畴，因为只有产生生计转型的态度，才能产生生计选择意愿与生计选择行为。所以，本文从分配公平、程序公平、人际公平与信息公平4个维度，探究公平感知对生计转型的影响。

分配公平是公平感知的重要维度之一，体现了个体在面对外界分配过程中应该享有的平等权利，彰显了该个体与其他群体之间的公平公正。分配公平感知实质上是人们对研究对象个体与其他群体是否被公平分配的主观感受。随着农牧民程序公平意识与理念的加强，他们在面对外界环境的政策或制度时，会认为自己与其他个体之间是平等的，在享受应有的公平待遇的同时会承担相应的社会责任，履行与其他个体一样的义务，实现农牧民自身与其他个体之间的程序公平。人际公平针对生活在一个区域内的个体，他们在人际交往过程中会下意识地将自身与其他区域内的个体进行对比并产生公平与不公平心理，这体现了人际交往过程中的平等感。信息公平是个体在收集或获取各类信息过程中形成的关系网络信任感，在对信息的正确性、有效性等进行判断后，所产生的一种增强或减弱信任的公平感。以上不同层面的公平感知会直接影响个体决策的态度与行为，对于农牧民而言，传统的生计方式是以游牧生活为主的农牧业生产生活方式，而随着国家一系列政策与战略的实施，如新型城镇化、乡村振兴、精准扶贫等，在青海生活的农牧民也面临生计转型的问题，这是生计选择的前提。从个体内在感知的视角来看，公平感知对个体心理产生的影响越大，其影响生计转型的可能性就越大。

2.3.2 公平感知对农牧民生计选择意愿的影响

农牧民的生计选择意愿是其移至新居住环境后，为了适应新的生产生活，主观上对生计选择的意向与态度。农牧民的生计策略一般可以划分为纯农业型生计、兼业型生计与非农业型生计，本书将农牧民户选择生计的类型也划分为纯农牧型生计、兼业型生计与非农牧型生计，因此选择意愿也可以分为纯农牧型意愿、兼业型意愿与非农牧型意愿。公平感知是农牧民与当地城镇其他居民的异质性逐渐淡化，能够平等、全面地参与分配、程序、人际与信息等方面生活，最终与当地居民公正、平等地享受待遇的过程。该过程最初面临的生计选择即生计的选择意愿，其实质是对生计选择价值的判断，主要来源于农牧民对生计资本与公平感知的综合评估。

一方面，农牧民的公平感知充分体现了其面临不同的生产生活等方面时的多重变化，成为影响农牧民选择生计意愿的首要因素。钱文荣等（2013）在对长江三角洲16个城市的农民工进行调研时发现，农民工的公平感知对其留城意愿具有积极的影响，即提高农民工的公平感知程度能显著提升其留在城市的意愿。王玥等（2013）将公平感知划分为3个维度，即意图、过程和结果公平感知，能够显著影响被征收人的征收意愿。崔冀娜等（2018）在研究青海农牧民时发现，公平感知是增强青海农牧民生计转型意愿的重要因素。由此可见，公平因素在个体产生意愿过程中起到了至关重要的作用。

另一方面，农牧民的公平感知是其生计资本合理配置的体现，也成为选择生计意愿的综合影响因素。农牧民的生计资本积累得越多，其面对从事非农活动的生计机会越充足，这样更容易实现生计的多样化（安士伟等，2018）。生计资本是农牧民在生存发展过程中的物质基础与保障，能够提升农牧民在不同的生产生活方式中面临各类风险的能力，这直接决定了农牧民是否可以顺利实现生计的可持续性和对新生产生活方式的认知与态度，从而影响农牧民的生计选择意愿。因此，农牧民的公平感知能够体现出其各类资本的有效配置，帮助农牧民提升获得新生计方式的信心与能力，从而促进农牧民选择生计的意愿。

2.3.3 公平感知对农牧民生计选择行为的影响

农牧民对生计的选择行为是指其在现有的生活环境下，通过降低生计风险、提高生计能力等方式实现生计的可持续性，进而选择具体的生计方式的行为。根据上述生计选择意愿的相关阐述，本书将生计的选择行为划分为三种类型，即纯农牧型生计行为、兼业型生计行为和非农牧型生计行为。每种生计行为都是在特定的资本拥有量与公平感状态下产生的，农牧民生计资本的差异性决定了其感知外界公平平等的状态具有差异性，同时影响其选择生计的行为。根据理性行为理论，个体在产生行为意向后会出现具体行为，农牧民在形成生计选择意愿后，同样会产生不同的生计选择行为。国内研究发现，农民工的公平感知与其经济行为有直接关系。因此，公平感知通过不同维度对各类行为的影响途径，加强农牧民对生计的选择行为。

关于公平感知对各类行为影响的研究已逐渐成为学者关注的焦点。张永军（2014）在研究反生产行为过程中发现，公平感知对员工行为具有显著的影响效应，其影响最大的是互动公平感，影响最小的是程序公平感。周浩等（2016）基于 341 对员工与同事配对的样本，通过多对象视角研究了整体公平感知与个体偏离行为，发现公平感知在个体偏离行为中起着关键作用。牛静坤等（2016）在研究农民工的集群行为时发现，作为城市中的社会底层，农民工群体感受到的不公平感会引发集群行为，同时农民工的平等意识对其集群行为具有积极的正向影响，且在公平感与集群行为的影响过程中起到了显著的调节作用。杨奎臣等（2018）利用中国综合社会调查（CGSS）2013 年度的调研数据，探讨了社会公平感与主观幸福感对个体的亲环境行为的影响。研究发现，社会公平感对亲环境行为起到了直接的影响，尤其是对公域亲环境行为的正向影响非常显著。由此可见，现有研究成果已为公平感知增强农牧民生计选择行为做了良好的铺垫。

2.3.4　公平感知对农牧民增收效果的影响

农牧民对生计的选择效果是指农牧民选择不同生计行为后，在物质层面和精神层面能够对其家庭产生的直接效应或间接效应。根据 DFID 提出的可持续生计分析框架可知，生计策略的效果往往通过增加收入、实现就业、提高生活水平、降低脆弱性及稳定利用自然资源等方式体现；还有学者将生计输出与持续生计作为生计策略的结果显现出来（李丹等，2015）。纵观已有研究可知，收入作为衡量贫困最直接的指标被广泛使用，因此本书将生计选择效果界定为农牧民的家庭收入。公平感知的结果研究越来越成为国外学术界关心的重要问题，国内学术界也越发关注农民工公平感知与个体福利之间的关系（韦志林等，2016），除了将个体态度与经济行为作为结果考量的因素之外，还将个体福利和家庭收入等作为重要的指标。公平感知通过提升农牧民家庭收入的方式，有效改善农牧民生计的选择效果。

一方面，学者对生计效果的研究虽有不同侧重点，但大多聚焦于增收与减贫的视角。吴乐等（2018）基于贵州3个贫困县农户的调查发现，在设计生态补偿机制过程中，只有更多地关注农户的生计问题，才能实现贫困地区减贫与环境改善双赢。由此可见，农户生计的选择直接关乎贫困问题。司瑞石等（2019）通过研究畜禽禁养政策对养殖户替代生计策略与养殖户收入的影响，发现畜禽禁养政策不仅提高了替代生计策略的选择概率，而且将禁养区和非禁养区之间养殖户的家庭总收入与人均收入差距拉大。胡晗等（2018）认为，产业扶贫政策在影响贫困户生计策略的同时，显著增加了贫困户的农业种植收入、畜禽养殖收入和家庭总收入。由此可见，贫困户在扶贫政策的支持下，生计转变的结果体现在能有效帮助贫困户增收，且取得脱贫方面良好的效果。

另一方面，关于农民工群体心理状态的研究逐步成为研究收入增加的主流。孙计领（2016）通过CGSS2010的调研与收集的数据，研究主观的分配公平感对幸福感的影响，发现分配公平感能够正向显著地影响幸福感，且在收入差距与幸福感之间，公平感具有调节效应和中介效应。毕文芬等（2017）将社会公平感分为权利公平感与分配公平感，通过实证研究探讨了公平感与个体收入之间的关系。由此可见，根据三江源实地调研数据，农牧民的家庭收入是表征农牧民生计效果的合适指标。

2.4　本章小结

本章是本书的研究基础，即清晰界定研究对象、构建理论框架、分析作用机理。经梳理，厘清了公平感知、生计选择、农牧民等相关概念的内涵与外延，同时在可持续生计理论、公平理论、计划行为理论、身份认同理论等集中理论体系的基础上，将生计选择划分为不同选择阶段，进一步阐明了农牧民公平感知对生计选择的作用机理，为后续研究奠定了坚实的理论基础。

第3章

青海农牧民公平感知的内涵、测量与特征

上述章节已经梳理并分析了相关的理论与文献，但国内外学者对于农牧民公平感知的界定并未达成一致，尤其是农牧民群体具有特殊性，不同于农民工、失地农民等群体，因而政府相关部门在准确掌握农牧民公平感知状态及政策有效制定等方面存在一定程度的阻力。同时，现有研究成果聚焦农民工内在感知的研究，缺乏对农牧民公平感知各个维度的分析及影响农牧民公平感知因素等方面的研究。因此，本章基于整合完善国内外现有的研究成果，构建农牧民公平感知的维度与测量指标，并进一步分析影响农牧民公平感知的因素，以便更加清晰地探究农牧民公平感知整个过程。

3.1 农牧民公平感知的内涵与测量指标

3.1.1 农牧民公平感知的内涵

在公平的研究中，感知是一种独特且重要的视角，从宏观层面往往将社会总体公平与其相对应，而在微观层面研究中则多聚焦于个体的感知范畴。由此可见，公平属于主观感知的领域。

如果仅从宏观层面研究公平感知，需要清晰地界定公平的各个维度及其之间的关系才能探究公平感知的前因后果，进一步为主观感知提供理论研究依据。关于公平变量维度的研究，学者们有各自的侧重点，互动公平是最早被国外学者提出的（Bies，1986），机会公平、程序公平和结果公平等也相继出现在学者的研究范畴内（杜海峰等，2015）。此外，组织公平理论是分析各类公平感知的重要理论基础，邓睿、冉光和（2017）在研究农民工群体的公平感知时发现，新一代农民工与老一代农民工的社区公平感存在差异，且新一代农民工的社区公平感明显偏高。

农牧民的公平感知基于个体公平感知，个体公平感知是指个体在行为决策过程中和某些外部环境中体验到的内在感知公平，通常涉及分配公平、机会公平和互动公平。机会公平与互动公平分别考察的是农牧民的收入分配公平程度、农牧民提升社会地位和生活水平的机会是否增加，农牧民在与外界打交道过程中被公平对待的程度。其中，机会公平可以作为程序公平来考量，互动公平可以通过人际公平与信息公平来考量。

本研究将农牧民的公平感知定义为：搬迁后，农牧民与当地城镇居民的异质性逐渐淡化，能够平等、全面地参与分配、程序、人际、信息等各方面生活，最终在与当地居民相互交融、渗透的过程中感受到的公平感。

3.1.2 农牧民公平感知的测量指标体系

3.1.2.1 测量指标体系构建原则

为了使农牧民公平感知的测量结果更加科学、规范、可信，在构建指标体系时需要在一定程度上遵循以下四种原则。

(1) 典型性原则。由于测量公平感知维度的影响因素有很多，需要挑选出有针对性的典型指标。本研究根据农牧民公平感知各维度特点与要求选取对每个公平感知维度综合影响较大的因素作为评价指标。

(2) 独立性原则。由于指标之间的关系错综复杂、相互影响，为确保测量结果准确，需要保证各个变量的指标互不干扰、相互独立。

(3) 层次性原则。为了提高测量结果的真实性，需要注意变量或指标间的层次关系，对每一层级的变量或指标进行准确分解，保证它们既相互独立又存在一定的关联。

(4) 可行性原则。考虑到农牧民公平感知每个维度的特点，在设置问卷和选取指标时应充分考虑数据调研的可行性，做到便于操作、简明适用和动静结合。

3.1.2.2 农牧民公平感知的测量指标体系设计

学术界发现，公平感知本身会从不同方面影响农牧民的行为，所以将公平感知视作一个多维度的概念。虽然已有研究对农牧民公平感知的维度与测量指标还未达成共识，但以下几类维度是人们较为认可的，即分配公平、程序公平、人际公平、信息公平，见表 3-1。

表 3-1　农牧民公平感知的测量指标框架

维度	指标	子指标
分配公平	就业公平	就业渠道公平性、就业稳定性
	收入公平	收入渠道公平性、收入满意度、提高收入信心
	消费公平	消费计划、消费水平
	劳动保障公平	工资保障、权益保障
程序公平	制度方面	制度落实、制度设计、制度完善性
	政策方面	关注政策、政策受益面、政策及时性
人际公平	语言沟通	语言差异、沟通障碍性
	价值理念	宗教民族文化、饮食起居、婚丧嫁娶
	身份认同	自身身份定位、定居意愿
信息公平	信息渠道	渠道的全面性、渠道的有效性、渠道的可信性
	信息获取	获取的难易程度、获取的有效性、获取的可信性
	信息有效性	信息的全面性、信息的及时性、信息的准确性

3.2　青海农牧民公平感知的测量方法

3.2.1　青海农牧民公平感知的测量方法

基于心理学相关文献与理论基础，本书将青海农牧民的内在公平感知划分为四个维度，即分配公平、程序公平、人际公平与信息公平，它们在结构上并非纵向嵌套关系而是横向加总关系。每个维度均从各个层面影响着青海农牧民公平感知行为，每个维度包括若干个子维度，每个子维度又进一步划分为具体可观测的测量指标，包含主观测量指标与客观测量指标，二者在逻辑关系上并非简单加总，而是相互依存；各个测量指标之间既存在并列的线性关系，也存在非线性关系。鉴于指标间的关系较为复杂，本研究采用非线性标准化方法，以此认同各个指标之间线性与非线性并存的关系，并运用技术手段在标准赋值区间内处理。通过以下模型对指标进行综合合成：

$$INDEX_i = f(A_{ij} \times \omega_{ij}) \tag{3-1}$$

式中，$INDEX_i$ 为公平感知，各维度中分配公平、程序公平、人际公平、信息公平等指标，以及子维度的相关指标；A_{ij} 与 ω_{ij} 分别为任何一个指标及其对应的权重。任何一个指标是指各维度、子维度及测量指标。每一层级的指标均根据数学逻辑法则对应的函数 $f(x)$ 逐层级合成，最终形成农牧民社会融入的综合指数得分。

3.2.1.1 确定权重指标

在多级指标综合评价过程中，可以选取多种方法确定指标权重。众所周知，主观赋权法与客观赋权法是目前学术界在确定权重时常用的两类方法。主观赋权法常见于定性研究中，通常是指专家根据经验给予主观判断赋值，如层次分析法、专家调查法等；而客观赋权法克服了主观因素的干扰，虽然在我国的应用较晚，但得到了学术界的普遍认可，如主成分分析方法、变异系数方法、离差均差方法等均属于客观的确定权重方法。本书选择了变异系数方法，具体的表达式如下：

$$B_i = \frac{\sigma_i}{\bar{x}_i} \quad (i=1, 2, \cdots, n) \tag{3-2}$$

$$\omega_i = \frac{B_i}{\sum_{i=1}^{n} B_i} \quad (i=1, 2, \cdots, n) \tag{3-3}$$

式中，B_i 为第 i 个指标的变异系数值；σ_i 为第 i 个指标的标准差；$\bar{x}_i$ 为第 i 个指标的均值；ω_i 为各个指标的权重赋值。

3.2.1.2 逻辑法则的函数处理

在本研究设计的指标体系中，各个变量之间既存在并列关系也存在相互依存的关系，因此需要通过以下步骤进行函数处理。

（1）同一层级的指标之间若为并列关系，则运用权重方法，通过加权方式区别不同变量对农牧民公平感知的差异化影响程度。

$$C_i = \sum_{j=1}^{n} (C_{ij} \times \omega_{ij}) \tag{3-4}$$

式中，C 为一级指标；i 为二级指标；j 为三级指标。式（3-4）表示一级指标各维度因素下的二级指标 i 的综合得分，由 n 个逻辑上并列的三级指标组成，通过线性加权方式实现指标的综合合成。

（2）同一层级的指标之间若为依存关系，则运用几何平均法。如果某个变量的重要性较高，应对该指标在原逻辑的基础上进行二次、三次的几何平均，直到满足完整的逻辑关系为止，这样才能体现指标的非线性影响关系。

$$C_i = \sqrt[m]{\prod_{j=1}^{m} C_{ij}} \tag{3-5}$$

式中，$\prod_{j=1}^{m} C_{ij}$ 表示一级指标下的二级指标 i 的综合得分，由 m 个相互依存的三级指标组成，采用几何平均方式综合二级指标的得分。

（3）同一层级的指标之间若既存在并列关系又存在依存的逻辑关系，则通过逻辑关系的重要程度按对应顺序综合合成。

$$C_i = \sqrt{\sum_{j=1}^{n} (C_{ij} \times \omega_{ij}) \times \sqrt[m]{\prod_{j=1}^{m} C_{ij}}} \tag{3-6}$$

式中，1~m 个三级指标之间表示互为依存的关系；1~n 个三级指标之间表示相互并列的关系，采用线性加权法；两种指标之间表示互为依存的关系，运用非线性法综合合成二级指标数值。

非线性标准化方法在结合经典权重方法和指标非线性操作的基础上，运用定量方法确定权重，以此避免传统主观赋值带来的偏差问题。非线性方法既能较为客观准确地测量，又具有较好的解释性，通常运用于变量之间存在复杂的影响关系情境下。另外，多重指标的综合也避免了指标数据增大，在标准的赋值区间内不断整合，最终得到较为标准统一的结论，具有完全可比较的特点。

3.2.2 青海农牧民公平感知的测量

由于子指标较多，考虑便于统计与篇幅问题，按照不同子维度进行测量。具体分析结果见表 3-2。

表 3-2 农牧民公平感知的测量

各维度	子维度	子指标	均值	标准差	最小值	最大值
分配公平	就业公平	就业渠道公平性、就业稳定性	2.85	1.17	1.00	5.00
	收入公平	收入渠道公平性、收入满意度、提高收入信心	3.20	1.15	1.00	5.00
	消费公平	消费计划、消费水平	2.98	1.06	1.00	5.00
	劳动保障公平	工资保障、权益保障	2.75	1.17	1.00	5.00
	综合		2.96	1.14	1.00	5.00
程序公平	制度方面	制度落实、制度设计、制度完善性	3.26	1.09	1.00	5.00
	政策方面	关注政策、政策受益面、政策及时性	2.98	1.23	1.00	5.00
	综合		3.15	1.15	1.00	5.00
人际公平	语言沟通	语言差异、沟通障碍性	2.82	1.28	1.00	5.00
	价值理念	宗教民族文化、饮食起居、婚丧嫁娶	2.73	1.52	1.00	5.00
	身份认同	自身身份定位、定居意愿	4.07	0.69	1.00	5.00
	综合		2.93	1.25	1.00	5.00
信息公平	信息渠道	渠道的全面性、渠道的有效性、渠道的可信性	2.44	1.52	1.00	5.00
	信息获取	获取的难易程度、获取的有效性、获取的可信性	2.62	1.66	1.00	5.00
	信息有效性	信息的全面性、信息的及时性、信息的准确性	3.00	1.35	1.00	5.00
	综合		2.68	1.53	1.00	5.00

（1）分配层面的公平。

分配层面的公平程度较低，总体得分为2.96分。分配层面的公平感知分为就业公平、收入公平、消费公平与劳动保障公平四个子维度，其中收入公平与消费公平的融入程度得分较高，分别为3.20分和2.98分，劳动保障公平的融入程度得分最低，为2.75分。这可能是因为青海地区受到环境保护的制约，各类产业并不发达，使部分农牧民不得不选择新的生计方式。然而，若想从最初的农牧业转向其他产业，在当地并不理想的就业环境下，劳动保障就会相对较弱，劣势现象便显现出来了。

（2）程序层面的公平。

程序层面的公平程度相对较高，总体得分为3.15分。程序层面的公平感知分为制度方面和政策方面两个子维度，其中制度方面的公平程度得分最高，为3.26分；政策方面的公平程度得分相对较低，为2.98分。这可能是因为青海地区大多数农牧民是游牧民族，从21世纪初才开始实施各类农牧民政策。目前，青海农牧民陆续选择新型生计方式，他们比较满意与其生活息息相关的各项制度，但他们搬迁到城镇生活后，需要长时间去提高自身的教育与文化水平，才能更深入地了解各级政府的政策含义。因此，政策方面的公平得分并不高。

（3）人际层面的公平。

人际层面的公平程度也较低，总体得分为2.93分。人际层面的公平感知分为语言沟通、价值理念、身份认同三个子维度，各项子维度的公平得分存在较大差异。其中，身份认同的得分最高，为4.07分；价值理念的公平程度得分最低，为2.73分。值得注意的是，身份认同以自身身份定位与定居意愿评价指标为主，说明农牧民群体已经较关注自身身份问题。另外，语言沟通与价值理念得分较低可能存在两个方面原因：一方面，大多数青海农牧民是以藏族为主的少数民族，由于藏语还分为几种方言，如康巴方言、安多方言等，青海境内不同地域的藏族方言不同，农牧民搬迁后定居在城镇生活，不仅需要克服藏语和普通话问题，还会受不同藏语方言的限制；另一方面，由于大多数藏族农牧民受宗教文化、民族信仰等影响，其饮食习惯、生活习惯等不同于城镇居民，这就使其在价值理念上的公平程度受到限制。

（4）信息层面的公平。

信息层面的公平程度也不高，总体得分为2.68分。信息层面的公平感知分为信息渠道、信息获取、信息有效性三个子维度。其中，信息有效性的公平程度得分最高，为3.00分，信息渠道、信息获取的公平程度得分分别是2.44分与2.62分，这与实际调研相符。调研中发现，很多农牧民对外界信息的全面、及时、准确性是比较满意的，但是由于主观与客观等因素，农牧民对信息渠道与获取方式并不是很满意，这也会影响农牧民对信息渠道与信息获取的公平感知。

（5）整体测量结果。

基于“农牧民公平感知测量指标体系”对青海农牧民公平感知进行实证测量，发现青海农牧民的公平感知度并不很理想。首先，信息层面的公平程度最低，这需要时间积累以提高农牧民整体文化素质，才能使农牧民对信息渠道与获取方式掌握得更加熟练；其次，分配层面与人际层面的公平程度都较低，分配层面的问题主要集中在就业公平与劳动保障公平方面，人际层面主要集中在语言沟通与价值理念方面；最后，程序层面的公平程度虽高于均值水平，相对较为理想，但还需在政策方面提升。

通过运用本研究提出的理论思路与测量方法对青海农牧民的公平感知进行测量，结果表明，虽然国家一直在关注农牧民及其生计等工作，位于生态脆弱和贫困现象凸显地区的青海农牧民是具有代表性的，但在主客观等多因素的影响下，其公平感知的整体状况并不佳，反映出我国整体上的农牧民公平感知水平有待提升。若将该测量方法应用于全国其他地区的农牧民内在感知研究，则有助于全面深入地评价与把握农牧民重要群体的公平感知状况。

3.3 农牧民公平感知各融入维度特征分析

3.3.1 青海农牧民的分配公平分析

分配公平是指农牧民在选择各类不同的生计方式过程中，在就业、收入、消费与劳动保障等方面享有与他人一样的公平感。

3.3.1.1　就业公平

对于青海农牧民而言，在不同生计方式下生活，除了继续满足以往传统的游牧生活外，还能选择其他就业方式，而就业状况直接决定其经济收入，是分配公平中不可或缺的一部分。研究选择非传统游牧生计方式的农牧民就业问题，首先需要了解其对目前就业市场的满意度与就业的稳定性。因此，我们可以从农牧民获得就业信息的渠道评价就业的公平性。调查数据显示，32.6%的农牧民是通过乡村级工作人员或其他政府部门的工作人员来安排工作的，与调研实际相符，很多农牧民成为草场管护员、所住区域环卫人员等，这种类型的工作均是由政府相关部门对困难户进行帮扶安置的，政府相关部门通过这种方式帮助农牧民家庭脱贫增收。

表3-3显示了不同农牧民群体的就业公平差异性。从农牧民性别差异来看，男性的就业评价高于女性，有52.5%的男性满意就业现状，只有31.9%的女性满意就业现状；相对应地，男性的就业稳定性普遍高于女性，有50.3%的男性在过去一年中更换过1次工作或者没有更换过，而女性仅有36%。从农牧民代际差异来看，老一代整体高于新一代，有53.6%的老一代满意就业现状，而新一代对就业评价较高的只有31.4%；同样地，相较于新一代群体，就业稳定性在老一代中更有优势，有51.6%的老一代在过去一年中更换过1次工作或者没有更换过，而新一代在过去一年中更换过2次以上工作的占到64.8%。

表3-3　就业公平的群体差异情况

单位：%

项目	评价类别	性别差异		代际差异	
		男	女	老一代	新一代
就业评价	很不满意	12.2	7.4	12.7	7.1
	不满意	16.8	23.1	17.8	21.8
	一般	18.5	37.6	15.9	39.7
	较满意	42.0	21.0	43.1	20.5
	很满意	10.5	10.9	10.5	10.9

续表

项目	评价类别	性别差异		代际差异	
		男	女	老一代	新一代
就业稳定性	换过4次及以上	17.5	5.7	15.9	7.9
	换过3次	15.0	19.6	14.8	19.7
	换过2次	17.1	38.7	17.7	37.2
	换过1次	42.3	21.2	42.6	21.8
	没有换过	8.0	14.8	9.0	13.4

3.3.1.2 收入公平

收入公平是根据农牧民对收入分配各方面的评价测量的。表3-4显示了农牧民对收入公平差别的感知状况。就性别差异而言，当被问及“您目前的家庭收入能够满足家庭的各类基本开支”时，男性农牧民有48.2%认为符合这种说法，而女性农牧民仅有31.3%。收入满意度总体男性高于女性，有46.8%的男性农牧民对于目前的收入状况较满意，且45.8%的男性农牧民对今后一年内提高收入是很有信心的。就代际差异而言，相对于新一代农牧民，老一代农牧民对目前收入状况更加满意，有49.4%的老一代农牧民认为目前的家庭收入能够满足家庭各类基本开支，比新一代农牧民高出18.8%；同时，提高收入信心的比例方面，新一代农牧民也不及老一代农牧民高，这可能是由于老一代农牧民更加深切地感受到观念等的差别，且在当地多年的生活阅历使其已经积累了一定的资本，无论在物质上还是在精神上都比新一代农牧民更加满意目前的收入状况。

表3-4 收入公平的群体差异情况

单位：%

项目	评价类别	性别差异		代际差异	
		男	女	老一代	新一代
收入状况	完全不符合	7.7	7.8	10.1	5.0
	不符合	19.9	18.7	18.4	20.5
	一般	24.1	42.2	22.0	43.9
	较符合	38.1	21.3	41.5	18.0
	完全符合	10.1	10.0	7.9	12.6

续表

项目	评价类别	性别差异		代际差异	
		男	女	老一代	新一代
收入满意度	很不满意	7.3	5.7	7.2	5.9
	不满意	25.5	25.7	25.3	25.9
	一般	20.3	37.4	17.3	40.2
	较满意	31.1	17.8	35.4	13.4
	很满意	15.7	13.5	14.8	14.6
提高收入信心	完全没信心	7.3	3.9	6.9	4.6
	没信心	26.6	31.3	30.3	26.8
	一般	20.3	28.3	19.5	28.9
	有点信心	21.0	10.4	20.9	10.9
	很有信心	24.8	26.1	22.4	28.9

3.3.1.3 消费公平

消费公平指标一方面体现了农牧民的支出状况，另一方面体现了农牧民的收入分配状况，这也是分配公平的一种体现。从消费支出情况来看，农牧民家庭的三大开支项目分别是粮食、教育与医疗。另外，由于大多数农牧民是藏族同胞，有着自己的宗教信仰，在这方面的开支占比也较大。由于农牧民的住房有一部分是政府扶持建设的，农牧民在住房方面的开支与城市有很大差异，如图3-1所示。

表3-5显示了农牧民对消费计划差别的感知状况。当被问及“您的家庭是否做过一些消费计划”时，有52.0%的男性农牧民认为符合这种说法，而女性农牧民只占28.7%。从消费水平来看，男性农牧民普遍高于女性农牧民，有20.6%的男性农牧民出现过钱不够花透支的情况，而女性农牧民只占19.0%。就代际差异而言，新一代农牧民普遍低于老一代农牧民，只有30.9%的新一代农牧民在消费之前会有一定的消费计划，而50.7%的老一代农牧民有这样的良好习惯；同时，老一代农牧民有存钱习惯的占到58.2%，只有41.8%的新一代农牧民觉得每月收入刚好够用。

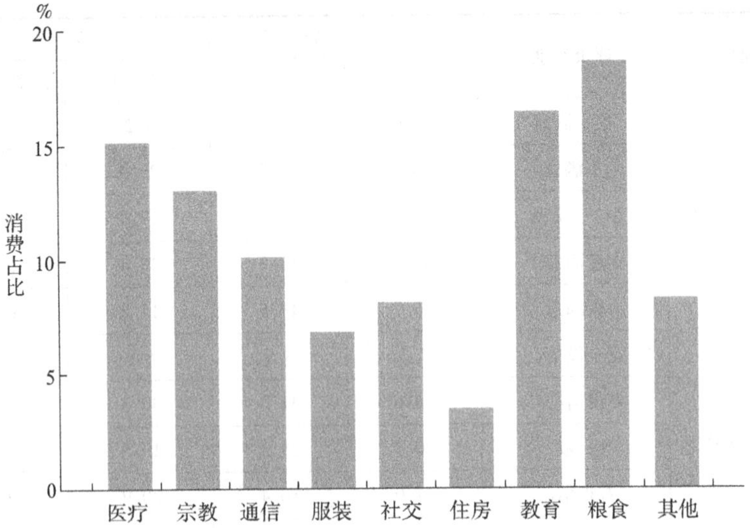

图 3-1　消费支出情况

表 3-5　消费公平的群体差异情况　　单位：%

项目	评价类别	性别差异		代际差异	
		男	女	老一代	新一代
消费计划	完全不符合	13.7	8.7	15.9	6.3
	不符合	17.2	23.9	17.4	23.4
	一般	17.2	38.7	15.9	39.3
	较符合	41.8	19.1	40.6	21.3
	完全符合	10.2	9.6	10.1	9.6
消费水平	经常透支	9.1	6.0	4.3	11.7
	偶尔会透支	11.5	13.0	7.9	17.2
	刚好够用	35.0	35.7	29.6	41.8
	有时能存钱	31.5	35.7	43.0	22.2
	经常能存钱	12.9	9.6	15.2	7.1

3.3.1.4　劳动保障公平

劳动保障公平从工资保障和权益保障两个方面进行评价。就性别差异而言，当被问及有关劳动保障的问题时，男性农牧民和女性农牧民分别有68.2%和64.7%的人认为能够享受到应有的工资保障。就权益保障而言，男性农牧民的满意度普遍高于女性农牧民，有45.5%的男性农牧民认为目前能够享受到一定的权益保障。就代际差异而言，新一代农牧民普遍低于老一代农牧民，只有26.0%的新一代农牧民对工资保障是满意的，与老一代农牧民相差16.3个百分点；同时，有47.7%的老一代农牧民对权益保障是满意的，比新一代农牧民高出27.2个百分点（表3-6）。

表3-6 劳动保障公平的群体差异情况

单位：%

项目	评价类别	性别差异		代际差异	
		男	女	老一代	新一代
工资保障	很不满意	6.6	6.1	8.3	4.2
	不满意	25.2	29.1	25.3	28.9
	一般	27.6	37.4	24.2	41.0
	较满意	30.1	14.3	30.0	15.1
	很满意	10.5	13.0	12.3	10.9
权益保障	很不满意	8.7	9.6	7.9	10.5
	不满意	17.8	23.9	18.1	23.4
	一般	28.0	44.3	26.4	45.6
	较满意	39.9	17.8	43.0	15.1
	很满意	5.6	4.3	4.7	5.4

3.3.2 青海农牧民的程序公平分析

程序公平是指农牧民能够从与生活密切相关的各类制度与各级政府的政策中感受到公平性。

3.3.2.1 制度方面

表3-7显示了不同农牧民群体感知制度方面公平性的差异情况。就性别差异而言，当被问及“您认为各类制度在落实过程中是否人人平等”时，男性对制度落实的公平感高于女性，较赞同与很赞同的男性占63.3%，比女性高出18.5个百分点；当被问及“您对目前实施的各类制度的设计是否满意”时，男性农牧民和女性农牧民分别有30.0%、35.2%表示满意。就代际差异而言，老一代农牧民在制度完善性方面的公平感高于新一代农牧民，有54.5%的老一代农牧民更加满意当前制度的完善性。

表 3-7 制度方面的群体差异情况 单位:%

项目	评价类别	性别差异		代际差异	
		男	女	老一代	新一代
制度落实	很不赞同	2.8	7.4	5.4	4.2
	不赞同	13.6	19.1	21.3	10.0
	一般	20.3	28.7	24.5	23.4
	较赞同	32.5	27.0	34.7	24.7
	很赞同	30.8	17.8	14.1	37.7
制度设计	很不满意	5.3	8.7	6.9	6.7
	不满意	24.1	19.1	34.3	7.5
	一般	40.6	37.0	37.9	40.2
	较满意	12.2	17.4	11.2	18.4
	很满意	17.8	17.8	9.7	27.2
制度完善性	很不满意	5.6	11.7	2.2	15.5
	不满意	11.2	5.7	9.4	7.9
	一般	36.7	40.4	33.9	43.5
	较满意	32.5	27.0	37.9	20.9
	很满意	14.0	15.2	16.6	12.1

3.3.2.2 政策方面

由于青海农牧民多为藏族，当地政府在一些政策制定过程中全面考虑了其日常的民族文化活动。从农牧民日常民族文化活动来看，他们有参与活动的积极性。据了解，农牧民的民族活动有很多，如赛马、射击、藏式摔跤等。通过对农牧民经常参与的民族活动进行调查，发现可以把民族活动分为竞技类、表演娱乐游戏类、健身和其他类，其中藏舞和磕长头是农牧民经常选择的民族活动；另外，处于信息时代，有 34.88%的农牧民会通过手机关注各类政策，同时农牧民居住地的宣传栏也是他们获取各类政策信息的主要渠道，占 24.61%，如图 3-2 所示。

表 3-8 显示了不同农牧民群体在政策方面公平感的差异性。就性别差异而言，男性农牧民总体参与度高于女性农牧民，尤其是在政策及时性和关注政策方面，对当前政策及时性没有不满意的男性农牧民占 90.2%，比

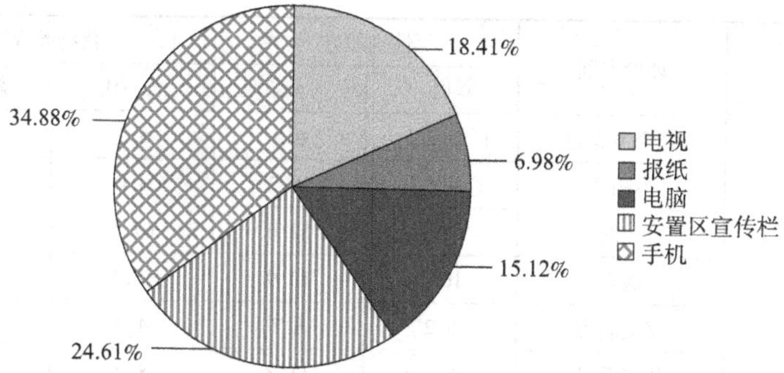

图 3-2　关注政策的渠道

女性农牧民多 15.0 个百分点，说明男性农牧民在政策落实及时性方面的敏感度高于女性农牧民，这可能与农牧民群体中性别分工有关。一年只关注一次，甚至不关注政府相关政策的农牧民中，女性农牧民占 32.2%，而男性农牧民只有 12.9%。就代际差异而言，在政策受益面的感知方面，无论是新一代农牧民还是老一代农牧民，都比较赞同当前各级政策在逐步扩大受益范围与受益对象；在关注政策方面，新一代农牧民却比老一代农牧民更加积极，新一代农牧民每天都会关注政策的百分比比老一代农牧民多 7.4 个百分点，这与实地调查情况相符。调研中发现，年轻一些的农牧民更愿意选择新的生计方式，愿意尝试不同行业带来的成就感，而且农牧民有很多优惠政策。因此，在与他们交谈过程中发现，有一些人是很了解时事新闻与有关政策的。

表 3-8　政策方面的群体差异情况　　单位：%

项目	评价类别	性别差异		代际差异	
		男	女	老一代	新一代
政策受益面	完全不符合	12.9	9.1	13.7	8.4
	不符合	14.0	13.5	13.0	14.6
	一般	31.1	32.6	30.0	33.9
	符合	29.4	37.0	31.0	34.7
	完全符合	12.6	7.8	12.3	8.4

续表

项目	评价类别	性别差异		代际差异	
		男	女	老一代	新一代
政策及时性	完全不满意	5.2	6.5	5.1	6.7
	不满意	4.5	18.3	4.0	18.4
	一般	68.9	52.6	67.5	54.8
	满意	16.1	13.9	19.1	10.5
	完全满意	5.2	8.7	4.3	9.6
关注政策	从未看过	6.6	11.3	8.7	8.8
	一年看一次	6.3	20.9	6.9	19.7
	一个月看一次	69.2	45.2	63.9	52.3
	一周看一次	13.6	15.2	18.4	9.6
	天天都看	4.2	7.4	2.2	9.6

3.3.3 青海农牧民的人际公平分析

人际公平是指农牧民与具有不同文化程度和背景的群体或个体在通过不断接触交流后，感受到的人际交往过程中的公平性。

3.3.3.1 语言沟通

由于青海的农牧民以藏族为主，青海 6 个藏族自治州除了玉树州使用康巴方言外，其他 5 个州均使用安多方言，因此青海的藏语分为两大方言：康巴方言和安多方言。调查数据显示，从日常使用最多的语言来看，大部分藏族人使用安多方言，虽然普通话已经普及，但农牧民日常是藏语和普通话交替使用。

表 3-9 显示了不同农牧民群体语言沟通的差异性。就性别差异而言，当被问及“您日常使用的语言与当地所在州府使用的语言是否一样”时，大多数农牧民会认为存在不同程度的差异。值得注意的是，男性农牧民认为语言使用完全一样的仅占 2.1%，而女性农牧民占 17.0%；相应地，女性农牧民在沟通障碍性方面优于男性农牧民，这可能与主客观因素都有关。一方面，男性农牧民外出就业时在语言使用方面与原住地存在的差异

较大；另一方面，无论什么语言，本身就存在性别差异，女性的语言能力普遍高于男性。就代际差异而言，新一代农牧民受教育程度普遍高于老一代农牧民，加之很多人从小跟随父母搬迁到城镇生活，赶上了个体语言能力的发展时期，因此有 62.0%的新一代农牧民没有感到语言上存在太大差异，能够较好地掌握当地语言。

表 3-9　语言沟通的群体差异情况

单位：%

项目	评价类别	性别差异		代际差异	
		男	女	老一代	新一代
语言差异	完全不一样	3.5	2.6	4.0	2.1
	较大程度不同	24.5	19.6	32.1	10.8
	存在不同	35.0	19.1	30.3	25.1
	较大程度一样	35.0	41.7	31.1	37.7
	完全一样	2.1	17.0	2.5	24.3
沟通障碍性	完全听不懂	6.3	5.2	10.1	0.8
	听懂一点点	10.5	10.9	14.4	6.3
	听得懂	35.0	30.4	33.9	31.8
	会说一点	30.0	30.8	27.9	33.5
	交流无障碍	18.2	22.6	13.7	27.6

3.3.3.2　价值理念

从青海农牧民日常饮食结构来看，除了粮食之外，虽然目前的日常饮食仍以肉类、奶类居多，但可以看到蔬菜类、豆类等也在逐渐增加，说明受主客观因素影响，农牧民的日常饮食结构有所变化，正趋向更加健康的膳食结构。

表 3-10 显示了不同农牧民群体价值理念的差异情况。就性别差异而言，当被问及“不同民族的宗教文化信仰之间需要相互包容，您认同吗”和“您对目前生活中的饮食起居等习惯吗”两个问题时，绝大多数农牧民会选择认同或习惯。值得注意的是，在宗教民族文化等方面，女性农牧民总体比男性农牧民更加包容，高出 2.3 个百分点；在婚丧嫁娶方面的差异，当被问及“您认为州县的生活中关于婚丧嫁娶方面的习俗与牧区生活的是

一样的吗”时，男性农牧民更看重婚丧嫁娶相关习俗的共同点，有59.5%的男性农牧民认为并没有太大变化，而女性农牧民占44.3%。就代际差异而言，相较于老一代农牧民，新一代农牧民更能接受并适应目前生活中价值观念存在差异的部分，尤其是饮食起居方面，新一代农牧民的适应程度比老一代农牧民高出9.8个百分点。

表3-10　价值理念的群体差异情况

单位:%

项目	评价类别	性别差异		代际差异	
		男	女	老一代	新一代
宗教民族文化	完全不认同	0.3	0	0.4	0
	不认同	2.8	0.4	1.4	0.8
	中立	11.5	10.9	11.6	10.9
	认同	41.3	38.3	45.1	33.9
	完全认同	45.1	50.4	41.5	54.4
饮食起居	很不习惯	5.2	5.2	6.9	3.3
	比较不习惯	16.8	8.3	16.2	9.2
	一般	19.6	28.3	23.1	23.9
	比较习惯	36.0	34.7	32.9	38.5
	很习惯	22.4	23.5	20.9	25.1
婚丧嫁娶	完全不同	3.8	3.5	6.1	0.8
	较大不同	8.0	26.5	13.4	19.7
	中立	28.7	25.7	30.0	24.3
	较大相同	49.7	27.8	43.0	36.4
	完全相同	9.8	16.5	7.6	18.8

3.3.3.3　身份认同

就性别差异而言，当被问及“您认为自己和子女（或家人）是农牧民还是城镇居民”时，男性农牧民认为自己和子女都是城镇居民的占到35.0%，而女性农牧民占31.3%；另外，男性农牧民和女性农牧民大多愿意定居在城镇生活，其中男性农牧民占比更高，比女性农牧民多出3.3个百分点。就代际差异而言，68.6%的新一代农牧民认为自己和子女（或家人）已经是城镇居民，同时新一代农牧民和老一代农牧民大多愿意定居在城镇生活。这说明农牧民改变生计方式对于改善生态脆弱地区的贫困农牧民生活有明显的效果，农牧民群体大多倾向于城镇生活。

表 3-11 身份认同的群体差异情况

单位：%

项目	评价类别	性别差异		代际差异	
		男	女	老一代	新一代
自身身份定位	自己和子女（或家人）均不是	0.7	1.3	1.4	0.4
	自己或子女（或家人）不是	9.1	3.9	7.6	5.9
	不确定	23.4	29.1	26.7	25.1
	自己或子女（或家人）是	31.8	34.3	29.2	37.2
	自己和子女（或家人）均是	35.0	31.3	35.1	31.4
定居意愿	非常不希望	1.0	1.7	1.8	0.8
	比较不希望	10.8	7.4	9.7	8.8
	一般	33.6	39.6	34.3	38.5
	比较希望	26.6	28.3	23.1	32.2
	非常希望	28.0	23.0	31.0	19.7

3.3.4 青海农牧民的信息公平分析

信息公平是指农牧民在日常生活获取信息过程中，对信息渠道、信息获取，以及信息有效性等方面享受到的平等感受。

3.3.4.1 信息渠道

农牧民参与各类培训属于获取信息的一种渠道，从农牧民参与技能培训的种类来看，对农牧民的技能培训种类较多，大多数农牧民持有比较积极的态度，其中选择绘制唐卡和雕刻玛尼石的农牧民较多，这与调研实际相符。因为黄南州主推热贡唐卡文化并举办了很多唐卡绘制大赛等活动，这也吸引了许多农牧民加入。

表 3-12 显示了不同农牧民群体获取信息渠道的差异情况。就性别差异而言，当被问及“您认为目前获取信息的渠道全面吗”时，女性农牧民比男性农牧民更加偏向于信息渠道的全面性，这可能与女性有更强的包容

性有关，女性农牧民比男性农牧民高出 11.7 个百分点；对于信息渠道的有效性，男性农牧民的态度更加肯定，有 65.7%的男性农牧民认为无论接收到哪一类信息，都会对今后生计方式的选择有一定的帮助。就代际差异而言，新一代农牧民更加倾向于信息渠道的全面性，而在信息渠道的有效性方面，有 52.7%的老一代农牧民认为目前的信息渠道是管用的，有 64.4%的新一代农牧民也这样认为，这可能是因为很多新一代农牧民都接受过良好教育，能够凭借自身能力更好地鉴别信息渠道是否有效。

表 3-12　信息渠道的群体差异情况

单位：%

项目	评价类别	性别差异		代际差异	
		男	女	老一代	新一代
信息渠道的全面性	很不赞同	0.3	0.0	0.4	0.0
	不赞同	3.5	2.6	4.3	1.7
	一般	30.1	19.6	30.0	20.1
	较赞同	29.4	40.0	26.7	42.7
	很赞同	36.7	37.8	38.6	35.5
信息渠道的有效性	很不赞同	9.1	6.1	10.5	4.6
	不赞同	9.8	20.0	17.0	11.3
	一般	15.4	25.2	19.8	19.7
	较赞同	38.4	30.0	31.8	38.1
	很赞同	27.3	18.7	20.9	26.3
信息渠道的可信性	很不赞同	4.4	11.1	9.3	3.1
	不赞同	16.2	15.9	16.6	12.4
	一般	29.4	23.4	21.1	20.0
	较赞同	23.3	26.7	29.5	37.9
	很赞同	26.7	22.9	23.5	26.6

3.3.4.2 信息获取

表 3-13 显示，就性别差异而言，当被问及“您在教育、看病、就业等方面获取信息是否较为容易”时，分别有 64.3%的女性农牧民和 63.0%的男性农牧民感受到容易，说明一半以上的农牧民很少感到获取信息很困难；在信息获取的有效性测量中，大多数农牧民感到较为满意，有 53.5%

的女性农牧民在获取信息的过程中认为信息比较有效，比男性农牧民高出4.6个百分点；同样，在信息获取的可信性测量中，女性农牧民对获得信息的信任度略高于男性农牧民。就代际差异而言，在获取的难易程度方面，新一代农牧民对信息的敏感度更高，有28.5%的新一代农牧民认为曾经感受到信息获取较为困难，而老一代农牧民的比例仅为6.9%。这可能是因为教育理念、生计方式等发生了很大变化，新一代农牧民更加具备日常生活中的公平公正意识。

表3-13 信息获取的群体差异情况

单位:%

项目	评价类别	性别差异		代际差异	
		男	女	老一代	新一代
信息获取的难易程度	很不容易	3.1	1.3	2.2	2.5
	不容易	11.5	18.3	4.7	26.0
	一般	22.4	16.1	20.2	18.8
	较容易	29.4	22.2	34.7	16.3
	很容易	33.6	42.1	38.3	36.4
信息获取的有效性	很不赞同	0.4	0.8	0.7	0.4
	不赞同	14.0	12.2	13.7	12.6
	一般	36.7	33.5	37.9	32.2
	较赞同	22.0	33.9	30.0	24.3
	很赞同	26.9	19.6	17.7	30.5
信息获取的可信性	很不赞同	7.7	7.4	7.6	7.5
	不赞同	9.8	15.7	6.9	18.8
	一般	27.3	19.6	31.0	15.5
	较赞同	25.9	36.5	27.4	34.3
	很赞同	29.4	20.9	27.1	23.8

3.3.4.3 信息有效性

根据表3-14显示，就性别差异而言，男性农牧民和女性农牧民都满意目前获取信息的全面性；在信息的及时性与信息的准确性两项测量中，男性农牧民赞同的分别占到57.7%和69.6%，而女性农牧民赞同的分别占到53.9%和56.1%。就代际差异而言，在信息的全面性方面，新一代农牧民的心理满意度略高于老一代农牧民，高出11.1个百分点；而在信息的及时性与信息的准确性方面，老一代农牧民的心理满意度更高，分别占到61.0%和72.5%。

表3-14 信息有效性的群体差异情况

单位:%

项目	评价类别	性别差异		代际差异	
		男	女	老一代	新一代
信息的全面性	很不赞同	3.5	2.6	4.7	1.3
	不赞同	5.9	3.5	7.2	2.1
	一般	44.8	43.1	45.1	42.7
	较赞同	31.8	19.1	27.4	24.7
	很赞同	14.0	31.7	15.5	29.3
信息的及时性	很不赞同	2.8	1.3	2.5	1.7
	不赞同	5.6	12.2	2.5	15.5
	一般	33.9	32.6	33.9	32.6
	较赞同	33.2	28.7	36.8	24.7
	很赞同	24.5	25.2	24.2	25.5
信息的准确性	很不赞同	1.1	2.6	0.4	3.3
	不赞同	3.8	7.0	5.4	5.0
	一般	25.5	34.3	21.7	38.5
	较赞同	44.4	22.6	44.0	23.8
	很赞同	25.2	33.5	28.5	29.3

第4章

青海农牧民现状分析

前文已经对所要研究的主要概念、理论基础与作用机理进行了详尽的阐述，本章将回顾青海发展的历史沿革与青海农牧民的生计状况，介绍研究用到的样本区域、数据来源等问题，并针对青海农牧民生计现状进行详细分析，总结目前青海农牧民生计选择过程中存在的主要问题，为后续研究奠定了现实基础。

4.1 农牧民增收的必要性

4.1.1 农牧民增收与生态环境安全的关系

青海地处青藏高原腹地，有“世界屋脊”之称。青藏高原在地理位置上具有不可替代的生态地位，属于非常重要的生态屏障，对我国甚至全球的生态系统起到至关重要的作用。青海是长江、黄河、澜沧江三条大河的发源地，素有“中华水塔”之称，保护青海生态环境是加强青藏高原各类资源有效利用，保护绿色生态系统屏障的重要手段，同时对当地农牧民的收入增长问题也具有极其重要的功能作用。另外，青海属于生态环境敏感区域，加之抵御风险能力低，恢复力较差，一旦被破坏，人类生态系统就会遭到不可逆转的伤害，需要受到应有的重视和保护。因此，鉴于青海的特殊生态地位，我们需要高度重视青海的生态环境安全与可持续发展等问题，从而促进生态的良性循环与资源的再利用，为青海农牧民持续增收提供良好的平台与空间。

生态环境恶化不是单一因素造成的结果，而是由多重因素综合作用导致的。一般而言，会频繁出现“贫困—过分掠夺—生态恶化—继续贫困”的现象（沈宏益，2013），主要原因是人类对生态的过分掠夺，如青海因过度放牧引起的严重沙漠化。这类生态环境恶化趋势严重影响当地人的生活与生产方式，阻碍其生计的可持续发展，因此只有拓宽农牧民增收渠道，将环境恶劣地区的人口与牲畜迁出，才能降低人们对生态环境资源的过度掠夺，减少人为破坏因素；统筹规划与管理，更好地恢复青海的生态系统，不断为农牧民增收提供有效保障。

4.1.2 农牧民增收与当地经济发展的关系

农牧民的收入增长与当地经济发展有着密不可分的关系。

一方面，青海农牧民的收入增长是实现全面小康社会与消除贫困人口的有效助力。为增加农牧民收入出台的各项政策体现了政府重视当地经济社会与居民生产生活的协调发展，也是为了满足国内全面实现小康社会、消除贫困等问题的迫切需求。只有深入实施青海农牧民工程，寻找一条符合青海地方民族特色发展、全面建成西部小康社会的有效路径，才能实现促进当地经济发展和协调人地关系的终极目标。

另一方面，农牧民收入增长有助于加快当地经济建设。新型城镇化是在我国城镇化发展的基础上提出来的，能够更好地统筹城乡发展，实现一二三产业融合发展，使城市与乡镇协调发展。2014 年，首次公布国家新型城镇化试点名单，且试点范围逐渐扩大。2019 年的国务院政府工作报告中还提到需要促进区域协调发展，为新型城镇化的发展提供良好平台。农牧民是青海牧区发展的主体，青海要实现经济的进一步发展，需要重视农牧民的利益，与牧业现代化相辅相成。这样，农牧民增收既有助于加快西部少数新型城镇化建设步伐，使农牧民在城镇顺利生活，缩小农牧区居民之间的贫富差距，又有利于地区经济、人口、资源等均衡发展，为实现新型城镇化目标提供有力的铺垫。

4.1.3 农牧民增收与社会和谐稳定的关系

团结繁荣与和平共进是青海当地社会和谐稳定的基础，也是农牧民增收的终极目标。从资源禀赋视角来看，针对青海农牧业的各级政策的实施，在国家层面具有全局性的意义。青海有着丰富的资源，湖泊和湿地面积在 1 万平方千米以上，有近百条河流，水含量丰富，生物种类较多，对高海拔地区而言，具有极为特殊的典型性特征，是高寒地区生物种群的资源库。大小湖泊星罗棋布，山水之间林深草茂，草原广袤无垠，这样的地理条件能够为高原地区的植物与动物提供独特且良好的自然条件。植物种类较多，种群较为丰富，多为高原高海拔地区的稀有物种。柴达木盆地属于高寒区域，区域内富含广阔的盐湖，盐矿中含有十多种矿物质，如钠、镁、钾、天然碱等。从民族宗教视角来看，自古以来，青海就属于多民族地区聚集地，经过千百年的发展融合，目前主要有藏族、回族、撒拉族、蒙古族等。截至 2019 年，少数民族人口占青海总人口的 47.7%。保持当地社会稳定实际上就是巩固了祖国的国防，有助于各级政府加快发展当地经济，逐步缩小各民族之间的发展差距，保障当地居民的各类权益，达到各民族平等团结与共同繁荣的根本目标。因此，加快少数民族地区与各民族的发展不仅是实现公平正义的经济问题，更是涉及各民族团结繁荣与和平共进的政治问题。

4.2 青海农牧民收入增长的现状

4.2.1 青海农牧民收入的高低差异分析

根据 2012—2021 年《中国统计年鉴》《青海统计年鉴》的相关数据，对比青海农牧民收入与全国农民收入平均水平，将分析后得出的结果作为青海农牧民收入水平的高低差异，整理后的数据见表 4-1。

表 4-1　2011—2020 年青海农牧民人均可支配纯收入与全国农民人均可支配纯收入水平的高低差异

年份	青海农牧民人均可支配纯收入/元	全国农民人均可支配纯收入/元	收入差/元	收入比
2011	4806	6977	2171	0.69
2012	5594	7917	2323	0.71
2013	6462	9430	2968	0.69
2014	7283	10489	3206	0.69
2015	7933	11422	3489	0.69
2016	8664	12363	3699	0.70
2017	9462	13432	3970	0.70
2018	10393	14617	4224	0.71
2019	11499	16021	4522	0.72
2020	12342	17132	4790	0.72

资料来源：根据 2012—2021 年《中国统计年鉴》和 2012—2021 年《青海统计年鉴》相关数据整理所得。

从图 4-1 中可以看到 2011—2020 年青海农牧民人均可支配纯收入与全国农民人均可支配纯收入两者增长的变化。可知两者的增长趋势类似，但是青海农牧民人均可支配纯收入的增长幅度小于全国农民人均可支配纯收入的增长幅度。

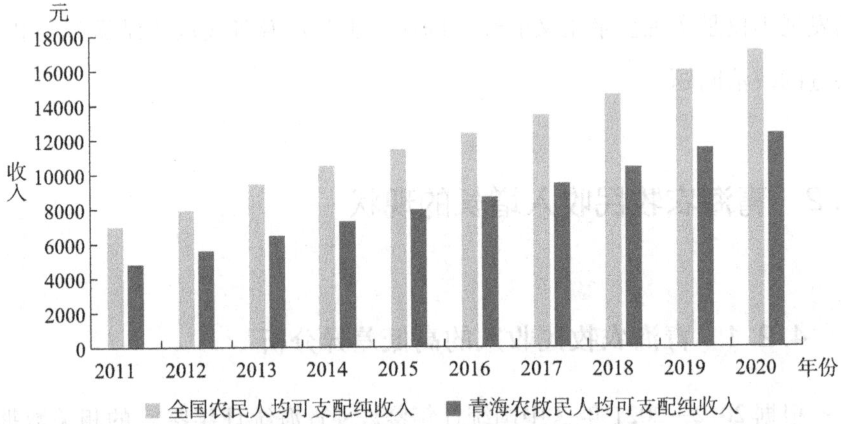

图 4-1　2011—2020 年青海农牧民人均可支配纯收入与全国农民人均可支配纯收入增长对比

4.2.2　青海农牧民收入的区域差异分析

青海农牧民收入的区域差异是指青海省的黄南州、果洛州、玉树州、海南州、海北州和海西州六个区域内农牧民人均收入的差异与增长变化。

青海农牧民大多数生活在青海农牧地区。关于青海农牧地区行政区域划分，各个自治州都包含县域，如黄南州包含同仁市、尖扎县、泽库县与河南县，果洛州包含玛沁县、班玛县、甘德县、久治县、玛多县等，玉树州包含玉树市、称多县、治多县、囊谦县、曲麻莱县等，海南州包含共和县、同德县、贵德县、兴海县、贵南县，海北州包含海晏县、祁连县、刚察县、门源回族自治县，海西州包含德令哈市、格尔木市、天峻县、都兰县、乌兰县。不同自治州区域内的资源各有不同，由此导致了各个自治州的农牧民人均可支配收入存在差异（见表 4-2）。

表 4-2　2011—2020 年青海农牧地区农牧民人均可支配收入的增长状况

单位：元

年份	黄南州	果洛州	玉树州	海南州	海北州	海西州
2011	4054	3128	2943	5235	5710	6368
2012	4777	3910	3869	6125	6904	7668
2013	5546	4497	4530	7116	8032	8895
2014	6282	5094	5137	8046	9031	9971
2015	6814	5513	5564	8759	9816	10680
2016	7448	6073	6176	9574	10713	11646
2017	8157	6684	6838	10452	11689	12724
2018	8944	7808	7807	11433	12744	13882
2019	9951	9143	9138	12502	13914	15052
2020	10708	9848	9800	13380	14842	16107

资料来源：2021 年《青海统计年鉴》。

由表 4-2 可以看出，青海农牧民收入存在区域差异，通过对比近 10 年的农牧民人均可支配收入可知，海西州排在青海省社会经济发展的首位，说明该区域的农牧民收入增长位居前列，这体现了该区域的经济发展基础比较好，交通更加便利，农牧民的收入渠道更加多而宽，农牧民的人均可支配收入由2011年的6368元增长到2020年的16107元，年平均增长率约为10%，在六个区域中的增长最明显；而玉树州和果洛州的农牧民人均可支配收入较低，与海西州相比，由于玉树州和果洛州的交通相对不便利、地广人稀、资源匮乏，社会经济发展明显落后，农牧民收入的增长速度也比较缓慢。

从表4-3中可以看到，对比2020年《青海统计年鉴》中各区域农牧业增加值与农牧业项目固定资产投资情况，海南州的农牧业增加值为49.8亿元，增速为4.6%，而农牧业项目固定资产投资比上年增速却为-5.1%，可见相较于上年，农牧业项目固定资产投资减少；果洛州的农牧业增加值为9.9亿元，增速为4.3%，而农牧业项目固定资产投资比上年增速却为-0.8%，可见果洛州农牧业增加值在青海省各区域最低，在固定资产投资方面比较稳定，果洛州在农牧业方面仍存在一定的增长空间。

表4-3 2020年青海农牧地区农牧业增长与投资情况

地区	农牧业增加值/亿元	增速/%	农牧业项目固定资产投资比上年增速/%
黄南州	31.1	5.0	27.1
果洛州	9.9	4.3	-0.8
玉树州	39.6	4.6	43.5
海南州	49.8	4.6	-5.1
海北州	30.1	4.6	3.9
海西州	42.0	5.0	36.1

资料来源：2021年《青海统计年鉴》。

4.2.3 青海农牧民收入的内部结构差异分析

关于青海农牧民的收入，可以按照其内部结构划分，从收入渠道的结构、收入性质的结构两个方面分析。

4.2.3.1 收入渠道的结构分析

青海农牧民的收入渠道可以划分为四种类型，分别是工资性收入、经营净收入、财产净收入、转移净收入（见表 4-4），这些覆盖了家庭收入渠道各个方面。

表 4-4　2011—2020 年青海农牧民收入的结构情况

年份	农牧民人均可支配收入/元	工资性收入/元	占比/%	经营净收入/元	占比/%	财产净收入/元	占比/%	转移净收入/元	占比/%
2011	4806	1368	28.5	2309	48.0	77	1.6	1052	21.9
2012	5594	1484	26.5	2379	42.5	75	1.3	1656	29.6
2013	6462	1774	27.5	2789	43.2	133	2.1	1766	27.3
2014	7282	2041	28.0	3021	41.5	288	4.0	1932	26.5
2015	7934	2235	28.2	3058	38.5	326	4.1	2315	29.2
2016	8664	2464	28.4	3197	36.9	325	3.8	2678	30.9
2017	9462	2704	28.6	3764	39.8	326	3.4	2668	28.2
2018	10393	3047	29.3	3905	37.6	463	4.5	2978	28.7
2019	11499	3617	31.5	4297	37.4	410	3.6	3175	27.6
2020	12343	4006	32.5	4885	39.6	414	3.4	3038	24.6

资料来源：根据 2012—2021 年《青海统计年鉴》中的数据整理所得。

4.2.3.2　收入性质的结构分析

青海农牧民的生产性收入主要来源于第一产业。随着青海省社会经济发展的各项投资陆续跟进，国家扶贫惠农等方面的政策也在辐射着少数民族地区的农牧民，在很大程度上促进了青海农牧民脱贫致富，彻底打破了传统单一生计方式带来的收入渠道狭窄的局面，逐渐形成了生计多元、渠道多样的收入体系与分配机制。由 2019—2020 年收入数据可以看出，青海农牧民从第一产业中获得的收入在全部收入中的占比较高，而从第二产业、第三产业中获得的收入在全部收入中的占比较低。从表 4-5 中可以看出，青海农牧民从第三产业获得的收入比第二产业多，说明第三产业成为青海农牧民收入增加主要渠道的发展空间较大，这与各级政策提倡的一二三产业融合发展的战略思路相一致。

从表4-5可以看到，2019—2020年青海农牧民收入结构有所优化并趋于合理化。

表4-5　2019—2020年青海农牧民收入性质构成情况

年份	农牧民人均纯收入/元	非生产性收入		生产性收入					
				第一产业		第二产业		第三产业	
		金额/元	占比/%	金额/元	占比/%	金额/元	占比/%	金额/元	占比/%
2019	11499	7202	62.6	3303	28.7	16	0.1	978	8.5
2020	12342	7457	60.4	3778	30.6	26	0.2	1081	8.8

资料来源：根据2012—2021年《青海统计年鉴》中的数据整理所得。

4.3　青海农牧民收入增长中存在的问题

4.3.1　内外部多重因素的作用造成了农牧民收入增长的动力不足

由于青海特殊的地理环境与不便利的交通状况，当地农牧民一直处于半封闭状态，接收外界信息的渠道较少，长期如此形成了“温水煮青蛙”的现象，即长期的封闭状态使农牧民安于现状、不愿竞争，从而产生恶性循环，主要体现在以下几个方面。首先，传统的生产生活方式阻碍了创新理念的产生，因为青海农牧民传统的生产生活方式比较单一，接受正规教育水平普遍较低，自身没有寻求创新与发展的计划，加之没有良好的产业基础，大多沿袭传统的农牧业生计方式，增加收入的渠道十分有限。其次，经济不发达导致市场竞争意识不足。由于长期受限于交通不便利、地域经济不发达等因素，青海农牧民已经习惯了安于现状，较为守旧的观念导致其在当地经济社会欠发达的客观因素作用下市场竞争意识并不强烈，更没有现代市场经营理念与现代化管理理念，从而阻碍了青海农牧民的收入增长。最后，当地不成熟的产业与农牧民的生计能力欠缺相互制约。青海农牧民收入提升的重要方式是生计能力有保障，只有这样才能拓宽收入渠道，但是青海农牧区的产业并不成熟，从而缺乏为农牧民提升生计能力的平台。

4.3.2 产业集群的不完善大大降低了农牧民生计选择的自主创新能力

产业集群也称“产业簇群”，是指在一定区域内生产某一产品的若干同类型企业，以及为这些企业配置的上下游企业与其他相关联企业，高密度地聚集在一起的有机群落。产业集群既强调产业间的联系，也强调空间的集聚性，有较大的产业规模。一方面，通过青海实地调研发现，由于农牧民受教育程度普遍偏低，加之经济发展状况不佳、市场规模有限、资金投入不足、创新能力不足、经营管理不善等主客观因素，青海农牧区并不能为农牧民提供足够的就业空间，同时受资源禀赋等“瓶颈”的制约，产业集群发展并不成熟。另一方面，各级政府针对农牧民组织的技能培训虽然在一定程度上提高了其自身的生计能力，但是没有形成特色产业集群，不能为青海农牧民提供可持续的生计模式。主要原因在于现有产业尚未形成集群效应，自主创新动力不足，技术创新服务网络有待完善。由此可见，青海产业集群发育不成熟，产业链没有完全形成。因此，自主创新能力不足成为青海特色产业集群的绊脚石。

4.3.3 生产生活方式的剧变提高了青海农牧民的公平感知

随着生态立省战略、脱贫攻坚战与乡村振兴战略的实施，结合当地实际情况，青海农牧民的生态价值与实际价值还需要进一步提升，对已有的农牧民收入分配机制的相关问题需要进一步细化，如生计方式、分配范围、分配标准等内容。在实际调研过程中发现，农牧民在谈到草场补贴等分配公平的相关问题时，会不由得提及分配机制的公平性问题。一方面，农牧民的资金主要来源于国家的财政支持，由于地方财政困难，相关的配套资金并不充足，在解决农牧民的基本生计问题时仍存在一定困难；另一方面，依据草原补偿等各级政府针对农牧民实施的政策，在调研过程中发现，目前相当一部分青海农牧民居住在州县，相较以往的生产生活方式，如今的日常生活与人际交往等方面都发生了巨大变化，农牧民的内心也随之发生了变化，能够敏锐地感受到周围环境中各种待遇的公平性。因此，诸多生产生活的改变提高了青海农牧民的公平感知。

4.3.4 农牧民内在的公平感成为其树立可持续生计意识的关键要素

一方面，农牧民早已适应祖祖辈辈流传下来的游牧生产生活方式，生态立省、脱贫攻坚战与乡村振兴也是在政府引导下进行的。为了生态系统的修复与保护，终年随牧草转移游走放牧的粗放型草原畜牧业经营方式已经在青海农牧民内心深处埋下了根；加之，青海农牧民的文化水平不高，对新环境中的生产生活方式没有很好的规划能力，在生产生活期间易受到不公平待遇。因此，内在公平感的缺失阻碍了青海农牧民生计选择的可持续性发展。另一方面，青海农牧民对当地经济发展与就业状况等情况缺乏主动性认知，并未意识到保障未来可持续生计的紧迫性与重要性；同时，他们对今后生计方式选择的重要性缺少认知，不能准确地选择适合自己的生计策略。因此，无法有效选择生计策略是不能保障生计可持续性的重要因素之一。

第5章

青海农牧民公平感知对生计转型的影响

5.1 问题的提出

国内外学术界公认将生计作为发展经济学研究领域的问题之一，关于生计分析的研究框架最初是由国外研究机构的学者提出来的，之后成为贫困问题的重要研究思路，也为完善发展经济学理论做出了重要铺垫。我国历来重视农牧地区的经济社会发展，先后出台了许多政策对其进行扶持，尤其对提高少数民族地区人民的生活水平更加重视。对青海农牧地区而言，不仅为区域人口集中实现新型城镇化创造了可能性，而且为区域的扶贫脱贫工作打造了坚实基础。与此同时，在农牧民生产生活过程中有诸多阶段性挑战。我国劳动力生产生活有不同阶段，即劳动力延续以往生计方式和选择新的生计方式。青海以牧业为主，该地区农牧民具有很强的内部异质性。不同于一般农户，他们需要适应牧区游牧生活与城镇生活，面临的是在经济不发达地区的经济、生活、宗教、心理适应等各方面实际问题，因此农牧民在日常生产生活中也会出现“新二元结构”。如何促进农牧民适应休牧后的城镇生活不仅关乎拓宽其收入渠道，更加事关我国减贫脱贫目标的实现。基于此背景，通过生计顺利转型帮助农牧民实现牧区与城镇的长久安定，不仅成为国家层面移民政策设计的着眼点，也是牧区维护社会稳定和实现公平正义的迫切需要，并逐渐成为学术界关注的焦点。

对于劳动力个体而言，当身处复杂多变的外部环境时，生计方式会因外部环境改变而不断调整，这是生计方式转型的过程。在现有的文献研究中，有学者已经开始关注生计转型问题且多聚焦于农户的生计转型，通过考察农户在生计转型过程中遇到的风险并给出相应对策，实现生计的可持续性。实际上，可持续生计特征包括延续性、发展性与正义性。个体在选择生计行为时会受很多因素影响，本章研究个体的生计资本与内在感知对生计选择产生的影响。在青海农牧地区，受民族文化特色与宗教信仰等一系列外在因素影响，农牧民行为理论中的认知与意愿更需要得到应有的重视。

随着研究的逐步深入，难免存在一些不足之处。一是需要重视青海农牧民的生计转型问题。青海的主要劳动力是农牧民，现有研究多关注农户的生计转型问题，农牧民这一特殊群体的生计转型问题并没有得到应有的重视，更没有通过生计转型意愿的内在机理探析农牧民收入增长方面的问题。二是需要深入研究农牧民群体内部的差异性。农牧民群体既不同于农民工群体，也不同于农民群体，因为多数农牧民属于少数民族，具有一定的民族特色，在一定程度上存在着文化异质性因素，而关于农牧民生计转型意愿的群体差异性研究相对较少。三是对农牧民心理因素研究有待加强。

鉴于此，为深入辨析“农牧民生计转型的两个过程”间的内在联系，本研究以目标设置理论为理论框架，分析农牧民生计转型的两个过程：一是基于自身生计资本衡量生计转型的可能性，从而产生内在动机；二是来自农牧民搬迁后对新环境的感知公平，认为生计转型行为是“值得的”，从而强化其转型意愿。本章运用目标设置理论中渐进适应模型的结果评价与过程评价，探索生计资本和公平感知对青海农牧民生计转型意愿的影响及代际差异，试图为农牧民实现可持续生计提供新的解释。

5.2　理论基础与研究假设

渐进适应模型是目标设置理论中的内容，是将目标提前预设，以最终的绩效结果作为衡量目标完成与否的重要指标与依据，把整个任务的完成过程作为目标设置的依据，根据目标完成程度重新调整或再次制定新的目标。农牧民生计转型意愿的变化是一个复杂的过程，在该过程中，生计转型意愿可以作为渐进适应模型的提前预设目标，然后根据目标完成的情况反馈，进一步调整或重新制定目标，在目标实现过程中会产生一些影响因素，将重要的影响因素提出，即生计资本。因此，农牧民首先需要判断自身在自然、人力、社会、物质与金融等方面的资本状况，其次决定生计转型的可行性与必要性。从效用最大化原则出发，生计资本对生计转型意愿具有正向影响。当拥有的生计资本较高时，农牧民对新的生计方式会有足够的信心，将提高生计转型意愿。由此，可以提出本研究的第一个假设。

假设 1：生计资本对农牧民生计转型意愿产生促进作用，农牧民拥有不同类型的生计资本均对生计转型意愿具有正向作用或负向影响。

根据代际差异理论，出生年代与生活背景及社会阅历等方面存在差异的不同代群体，也会产生观念、态度、偏好与行为等方面的差异，这种客观存在的差异称为“代际差异”。由此可见，不同群体主要以出生年代为依据进行划分。根据学术界已有的文献研究成果，将新一代群体的出生年份设定为 1980 年，在此之前出生的农牧民称为“老一代农牧民”，在此之后出生的农牧民称为“新一代农牧民”。值得注意的是，农业转移人口的就近城镇化意愿存在明显的代际差异；至于牧区农牧民，新老两代的生活适应能力与归属感有很大差异，因此生计资本对他们生计转型意愿的影响存在代际差异。此外，不同类型的生计资本对老一代农牧民的生计转型意愿是否具有促进作用尚有待考证，这是因为老一代农牧民仍保留着祖祖辈辈游牧生活的情愫，始终对游牧生活保持着不可割舍的情感，即使拥有较高的生计资本，他们内心对生计转型的初衷与目的也与新一代农牧民不尽相同。由此，可以提出本部分的第二个假设。

假设 2：生计资本对农牧民生计转型意愿的影响存在着群体的代际差异。

需要注意的是，以上提出的假设 2 能够成立是有前提条件的，即农牧民在外部客观环境中感知到了较高水平的公平。运用目标设置理论中的渐进适应模型可知，农牧民的反馈学习过程包括结果和过程两个维度，前者体现为生计资本，后者表现为公平感知。农牧民将会在同时考虑二者的基础上进行目标设置。因此，较高的公平感知对其生计转型意愿具有正向作用，由此可以提出本研究的第三个假设。

假设3：公平感知的提高对农牧民生计转型意愿具有正向影响。相对于老一代农牧民，新一代农牧民的公平感知对农牧民生计转型意愿的影响更明显。

此外，不同水平的公平感知导致生计资本对生计转型意愿的影响存在差异，即公平感知在生计资本与生计转型意愿之间可能存在调节作用。一般而言，就正向调节作用而言，在较高的公平感知下，青海农牧民对新型生计方式的期待提升了其生计资本水平，从而增强了其生计转型的意愿；就负向调节作用而言，当公平感知处于较低水平时，农牧民即使拥有较高水平的生计资本也会对今后新的生计方式有所顾虑且产生怀疑，从而削弱其生计转型的意愿。由此，可以提出本研究的第四个假设。

假设4：高水平的公平感知，在农牧民无法实现社会融入和生计转型意愿之间的负向关系中起到正向调节作用；而低水平的公平感知，对农牧民实现不同程度公平感知和生计转型意愿的正向关系存在着负向调节作用，这种调节作用同样具有不同代群体的代际差异。

5.3 变量选取

本书在选择变量的环节上是分步骤进行的，分为解释变量与被解释变量。解释变量是由主要的自变量与控制变量组成的，主要的自变量选取的是农牧民生计资本与内在公平感知；而被解释变量是本研究的对象——生计转型意愿。将农牧民的生计转型意愿赋值，1代表农牧民愿意进行生计转型，0代表农牧民不愿意进行生计转型。具体的变量名称与赋值情况见表5-1。

表5-1 变量名称与赋值

变量	变量赋值
生计转型意愿	1=愿意选择新的生计方式，0=不愿意选择新的生计方式
生计资本	1=自然资本，2=人力资本，3=社会资本，4=物质资本，5=金融资本

续表

变量	变量赋值
公平感知	1=高水平公平感知，0=低水平公平感知
性别	1=男，0=女
婚姻状况	1=已婚，0=未婚
年龄	1=30 岁以下，2=31~40 岁，3=41~50 岁，4=51~60 岁，5=61 岁及以上
民族	1=少数民族，0=汉族
宗教信仰	1=有，0=无

5.4　数据结果与研究分析

5.4.1　总体样本估计结果与分析

从总体样本的角度分析，通过模型 1、模型 2、模型 3、模型 4 分别根据不同解释变量进行分析，见表 5-2。在这四个回归模型中，模型 1 是把解释变量全部设置为控制变量，模型 2 是把解释变量设置为生计资本与控制变量，模型 3 是把解释变量设置为公平感知与生计资本、控制变量，而模型 4 是在模型 3 的基础上在解释变量中添加了生计资本与公平感知的交互项。在数据分析中，可以看到 Hosmer-Lemeshow p 的值大于 0.1，说明模型拟合性较好。另外，Cox & Snell R^2 和 Nagelkerke R^2 两个变量从模型 1 到模型 4 呈现出递增的趋势，说明样本整体的拟合水平在不断提高。

表 5-2　生计资本、公平感知对农牧民生计转型意愿影响的估计结果

变量	模型 1	模型 2	模型 3	模型 4
	系数	系数	系数	系数
常量	-0.99**	-1.07**	-1.48***	-2.51***
性别	0.55**	0.66**	0.62**	0.75**
婚姻状况	0.20*	0.20*	0.22**	0.27**

续表

变量	模型 1	模型 2	模型 3	模型 4
	系数	系数	系数	系数
年龄	0.67***	0.69***	0.70***	0.84***
民族	-0.93*	-1.05*	-0.98*	-1.18**
宗教信仰	0.90**	0.98**	0.97**	1.13***
人力资本	—	1.04	1.11	2.22***
社会资本	—	1.69**	1.72**	2.39***
物质资本	—	1.45*	1.54**	1.91**
金融资本	—	-1.40*	-1.48**	-0.92
公平感知	—	—	0.85***	0.96***
公平感知×人力资本	—	—	—	-1.69***
公平感知×社会资本	—	—	—	-1.35***
公平感知×物质资本	—	—	—	-0.88
公平感知×金融资本	—	—	—	1.37**
Hosmer-Lemeshow p	0.15	0.42	0.53	0.10
Cox & Snell R^2	0.13	0.14	0.16	0.21
Nagelkerke R^2	0.20	0.22	0.25	0.32

注：*、**、***分别表示通过显著性水平为10%、5%、1%的统计检验。

（1）模型1显示结果表明，各控制变量均显著。从性别来看，性别变量的系数是0.55，表示相对于女性而言，男性的生计转型意愿较高。从婚姻状况来看，婚姻状况变量对生计转型意愿具有正向作用且显著，表明相对于未婚农牧民来说，已婚农牧民的生计转型意愿较低，主要原因可能是他们受到养家糊口等因素影响，这些压力会降低其生计转型的意愿。年龄对农牧民生计转型意愿具有正向作用，且年龄较小的农牧民生计转型意愿的发生比率是年龄较大农牧民的1.96倍，这说明随着年龄逐步增长，农牧民对重新选择生计方式的主动性更低，因而年龄越大的农牧民生计转型意愿越低。从民族状况来看，少数民族对生计转型意愿具有负向影响，少数民族农牧民的生计转型意愿是非少数民族农牧民生计转型意愿的0.39倍，即降低了39.4%，这与实际情况相符。这可能是因为青海地区的农牧民家庭平时在家中多使用少数民族语言，且祖辈习惯于游牧生活，他们更偏向于以往农牧业的生计方式，不愿轻易尝试其他生计方式，而非少数民族农牧民更愿意选择生计转型。宗教信仰对农牧民生计转型意愿产生负向影响，估计系数为0.90，这说明没有宗教信仰的农牧民生计转型意愿更高，这与实际情况相符。调研中发现，青海农牧民在宗教文化方面的投入程度较高，定时举办相应的宗教活动在一定程度上降低了其生计转型的意愿。

（2）模型2显示结果表明，青海农牧民生计资本对其生计转型意愿有着明显的影响。从对各个控制变量的估计值分析可以看出，控制变量的系数一栏中，估计值的符号和显著性都与模型1的类似，说明该估计模型是较为稳健的。在各个生计资本中，人力资本的估计系数值为1.04，但不显著。这说明农牧民的人力资本对生计转型意愿的作用可能存在代际差异，也间接地验证了假设2关于人力资本存在代际差异的论点。社会资本的估计系数为1.69且显著，相较于参照组自然资本，社会资本对农牧民生计转型意愿影响的发生比率是前者的5.40倍，具有正向作用。物质资本的估计系数为1.45且显著，说明物质资本对农牧民生计转型意愿同样具有正向作用。该估计结果与假设2吻合，生计资本的类型逐步增多可以使农牧民对生活目标有积极的反馈。除此之外，金融资本的估计系数为-1.40且显著，说明金融资本对农牧民的生计转型意愿具有负向影响，相较于参照组自然资本，金融资本对生计转型意愿发生的可能性起到的作用是自然资本的0.25倍。出现该数据结果的主要原因是，农牧民如果在农牧生活转变为城镇生活的过程中无法马上感受到平等待遇，就会极大地阻碍农牧民重新选择生计方式，这直接降低了他们生计转型的决心。由此，假设2得到验证。

（3）模型3显示结果表明，“公平感知”变量的估计系数为0.85且在1%的显著性水平上显著，说明公平感知对农牧民生计转型意愿具有显著的正向促进作用。在各控制变量不变的条件下，相较于低水平公平感知的农牧民，高水平公平感知的农牧民生计转型的发生比率是前者的2.34倍，假设3得到验证。由此可见，青海农牧民在生活中需要获得应有的公平待遇，更注重社会公平感知，因为这会直接影响农牧民重新选择生计方式。可以看到，较高的公平感程度能够保证农牧民在经济、社会、文化和心理等方面具有归属感，使其对今后可持续生计的渴望实现“情感共鸣”，这与现有研究成果基本相符。

（4）模型4中，生计资本与公平感知的交互项被添加到模型中进行分析。其一，公平感知与人力资本的交互项估计系数为负且显著，而人力资本的估计系数为正。这可能是由于老一代农牧民与新一代农牧民在生计转型意愿方面存在代际差异，老一代农牧民并没有在新生活中将生活目标设置为转变后续生计方式，从而没有很高的生计转型期望，对生活中的不公平待遇并不敏感，从牧区到城镇的生活地域的变化使他们更易过高地估计生计资本。而新一代农牧民对公平感知的期望会更高，因为他们在生计资本积累过程中与老一代农牧民的理解存在差异，除了自然的资本积累外，还有经济、社会、文化及心理的资本积累，所以老一代农牧民的人力资本对生计转型意愿具有负向作用，公平感知在人力资本和生计转型意愿之间的负向作用来源于老一代农牧民群体的影响，并非高公平感知对其产生的抑制作用。其二，公平感知与金融资本的交互项估计系数为正且显著，而金融资本变量对农牧民生计转型意愿的估计系数为负且没有显著性影响，这说明公平感知在金融资本和生计转型意愿的负向关系中具有一定的调节作用，这就表明了那些资本较低且感受很少公平待遇的农牧民，可能会在遇到公平待遇后，慢慢地感受生活中的平等待遇，从而为考虑后续可持续生计尝试生计转型。

5.4.2 分组样本估计结果与分析

表5-3显示了基于两代不同农牧民，生计资本、公平感知对生计转型意愿的模型估计结果，其中老一代农牧民样本分析结果为模型5和模型6，新一代农牧民样本分析结果为模型7和模型8。模型5和模型7分别考察了生计资本、公平感知对两代农牧民生计转型意愿的主要影响，模型6和模型8分别考察了公平感知在生计资本和两代农牧民生计转型意愿两个变量中间起到的调节作用。纵观分组估计的整个模型，模型5到模型8里面的 Hosmer-Lemeshow p 的值均大于0.1，说明模型拟合较好；同时，Cox &

Snell R^2和 Nagelkerke R^2两个变量无论是从模型 5 到模型 6 还是从模型 7 到模型 8（老一代农牧民和新一代农牧民），都呈现出递增的趋势，说明整体样本的拟合水平在不断提高。

表 5-3　生计资本、公平感知对农牧民生计转型意愿影响的分组估计结果

变量	老一代		新一代	
	模型 5	模型 6	模型 7	模型 8
	系数	系数	系数	系数
常量	-0.63	-1.48	-0.19	-0.85
性别	0.33*	0.30	-0.11	-0.07
婚姻状况	0.45	0.43	0.21	-0.06
年龄	1.54	1.43***	0.33**	0.41**
民族	-0.46***	-0.46**	0.59	0.73
宗教信仰	0.80*	0.84*	0.70**	0.78**
人力资本	-1.47	-1.28	1.54*	2.14**
社会资本	1.50*	1.80*	1.53**	2.08**
物质资本	1.89**	2.09**	1.44**	2.05***
金融资本	-1.45	-0.65	-1.52**	-1.21
公平感知	0.80***	0.96***	1.25***	1.48***
公平感知×人力资本	—	0.70	—	1.48*
公平感知×社会资本	—	-0.54	—	-1.12
公平感知×物质资本	—	-0.24	—	1.33***
公平感知×金融资本	—	1.68*	—	0.69
Hosmer-Lemeshow p	0.95	0.46	0.92	0.20
Cox & Snell R^2	0.19	0.21	0.12	0.16
Nagelkerke R^2	0.29	0.32	0.18	0.24

注：*、**、***分别表示通过显著性水平为 10%、5%、1%的统计检验。

第6章

青海农牧民公平感知对生计选择意愿的影响

6.1 理论基础：核心概念与作用机理

6.1.1 核心概念

有关行为意愿的研究始于心理学领域，学者将行为意愿纳入特定行为决策研究，为行为决策研究领域提供了新思路。意愿是将来发生某一行为的心理预期与早期表现，会影响个体未来的行为，从而促使个体为实现目标而努力。Bandura（1977）认为，意愿不仅是预期，更是对未来某种行为的承诺。意愿是对未来行为的一种特定信念，促使个体为实现预期目标而付诸实际行动。Bird 等（1988）提出了意愿模型，认为意愿会影响行为，个体自身因素与所处环境外部因素是相互作用的，共同作用于意愿，进而作用于行为。本书针对不同的生计策略意愿进行了以下定义。

6.1.1.1 纯农牧型生计意愿

纯农牧型生计意愿是指农牧民希望继续选择以农牧业为主的任何一种生产方式，以此作为维持或改善家庭生活水平的一种主观愿望。

6.1.1.2 兼业型生计意愿

农牧民在城镇生活后，对新环境中的各类资本进行了重新调整与配置，他们既希望延续以往的农牧业生产方式，又希望采用新的涉及第二、第三产业的生计方式，这种混合生计模式的主观愿望即兼业型生计意愿。

6.1.1.3 非农牧型生计意愿

非农牧型生计意愿是指为了适应不同的生活环境，农牧民希望有多种生计方式可供选择，在经过评价自身资本后，愿意放弃原本熟悉的第一产业（农牧业）生计方式，而选择与以往不同的第二、第三产业生计方式的主观愿望。

6.1.2 作用机理

达托罗模型与投资—收益理论实质上就是劳动力个体决策行为的理论基础。在投资—收益理论中提到，劳动力个体的决策行为是建立在衡量与对比预期收益和前期投入差异的基础上的，同时会受到劳动力个体因素的影响。在本书研究中，青海农牧民的生计选择意愿本质上就是一种决策，是农牧民在主观判断后经过衡量评估得到的最终决策，并将生计选择意愿划分为纯农牧型生计意愿、兼业型生计意愿与非农牧型生计意愿三种类型。在国内相关研究中，有的学者认为农户生计选择的主要影响因素是生计资本；还有学者从心理学的视角出发，认为意愿本质上是一种心理活动，既受到外部客观因素的影响，又受到内部主观心理机制的作用。因此，个体意愿是综合作用的结果。崔冀娜等（2018）在现有文献研究和理论基础上，认为公平感知会直接影响农牧民在选择生计时的意愿，且起到至关重要的作用。

6.1.2.1 生计资本与生计选择意愿

可持续生计理论是发展经济学的热门研究领域，其框架是研究影响贫困的多种因素并给予相应解决方案的集成分析框架。其中，由英国国际发展署、联合国开发计划署及国际救援关怀组织提出的可持续生计模型应用最广泛，生计资本、生计策略与生计结果是可持续生计理论研究领域的三大核心要素。国内研究多聚焦于农民工、失地农户等群体的可持续生计问题，原则上可持续生计分析框架——DFID 模型适用于研究中国农民工群体。因此，学者将可持续生计分析框架应用于农村发展和农牧民的研究且大多以大型水库建设、区域生态恢复项目等工程类农牧民为研究对象，但研究视角各有不同。生计资本可能会使农牧民对不同的生计策略产生影响，即不同的生计资本能够对青海农牧民的生计选择意愿产生不同的影响效应，进而需要重视研究生计资本对生计选择意愿的作用机理。

6.1.2.2 公平感知与生计策略选择意愿

国外逐渐聚焦群体心理因素对行为结果的研究，用于描述劳动力在行为产生过程中各种综合因素的作用，实质是农牧民在日常生产生活中的心理状态与演变的综合反映。将农牧民的公平感知定义为群体或个体在向社会各领域逐步渗透和相互适应的过程中内心感受到的公平状态，而公平感知作为农牧民个体的内在心理因素，直接影响其选择新的生计意愿。虽然近年来学者对公平感知的研究愈发重视且逐渐将其运用于个体行为研究，对于公平感知的测量却没有形成统一的标准，测量体系的指标更是没有统一的概念。本书基于现有文献的研究成果，将公平感知划分为四个方面，即分配方面、程序方面、人际方面与信息方面的公平。分配公平主要是针对青海农牧民个体及其家庭在收入、消费、就业等方面的内在感受，目前学术界尚无分配公平与生计关系的研究成果；程序公平反映了农牧民家庭或个体在制度制定、制度实施、政策落实等方面的感受及公平水平，它是农牧民面对各类制度与政策时的重要指标，加之青海农牧民群体身份特殊（因为多数农牧民属于少数民族，具有本民族的文化特色与宗教信仰），在实际调研中课题组发现很多农牧民在沟通时以本民族语言为主，这样就存在语言沟通障碍的客观事实，从而影响农牧民在生计选择过程中的意愿；人际公平反映了农牧民家庭或个体在人际交往、关系平等、身份等方面的感受及公平水平，是农牧民日常人与人交往过程中的重要指标；信息公平反映了农牧民家庭或个体在信息渠道、信息获取、信息有效性等方面的感受及公平水平，是农牧民面对各类信息接纳的重要指标。

6.1.2.3 研究设计

根据目前国内外学术界文献研究的成果，青海农牧民生计选择意愿的形成过程主要是对生计选择的价值进行客观判断。该过程对比了游牧生活与城镇生活，对外界环境进行深入认知，通过分析预期成本与预期收益，对生计选择的价值进行评判，进而考虑影响生计资本与公平感知的因素，最终确定是否愿意选择不同的生计方式。由于研究目标是考察农牧民对纯农牧型生计、兼业型生计、非农牧型生计三种选择意愿及其之间存在的差异受到影响的因素，本书将生计选择意愿设置为三个阶段，即在目前的研究成果基础上，农牧民生计选择意愿可以分为生计策略选择认知阶段、生计策略选择价值评估阶段和生计策略选择偏好形成阶段。首先，根据农牧民自身的资本禀赋和内在感受，对几种生计方式进行初步评估判断，从而得出预期的收益与预期的成本。其次，结合自身与家庭的实际状况，形成各种不同生计的价值判断。最后，对有倾向性的生计策略进行选择，如图 6-1 所示。

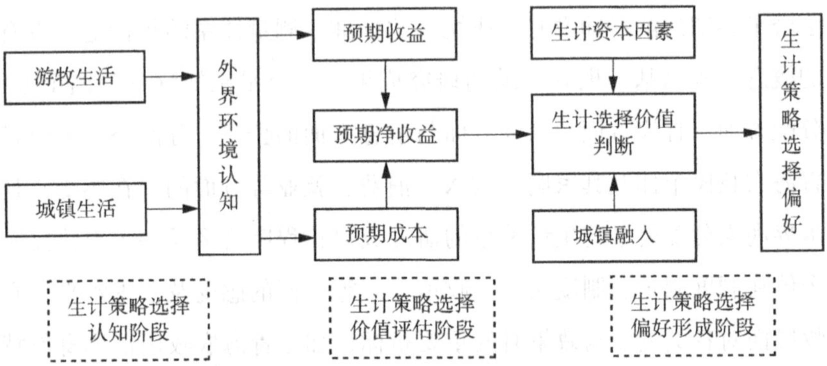

图 6-1　农牧民生计选择意愿的理论模型

6.2　计量模型选择与变量选择

6.2.1　计量模型选择

在问卷设计中，将被解释变量农牧民生计策略的意愿分为三种类型：纯农牧型生计意愿、兼业型生计意愿、非农牧型生计意愿。从生计方式来看，以上三种代表的是不同产业的生计选择意愿，相对于单一生计而言，多元化生计体现出更多增收的渠道，对于具有不同资本禀赋特征的农牧民来说，不同产业的生计选择就意味着有不同的就业机会与生活预期。考虑三种生计策略意愿之间不存在明显的定序关系，因此在实证分析中，本书采用无序多元 Logistic 模型进行研究。被解释变量为农牧民生计策略意愿，其中纯农牧型生计意愿取值为 1，兼业型生计意愿取值为 2，非农牧型生计意愿取值为 3。对于任意的选择 $z(z=1, 2, \cdots, Z)$，多元 Logistic 模型可以表示为：

$$\ln\left[\frac{P(y=z \mid x)}{P(y=Z \mid x)}\right] = \alpha_z + \sum_{k=1}^{K} \beta_{zk} x_k \tag{6-1}$$

式中，$P(y=z)$ 为农牧民对第 z 种意愿选择的概率；β_{zk} 为自变量回归系数向量；x_k 为第 k 个影响农牧民生计策略选择意愿的自变量，其他解释变量为生计资本，即自然资本、人力资本、金融资本、物质资本和社会资本等。以 Z 为参照类型，农牧民选择其他类型生计策略的概率与选择 Z 类生计策略的概率的比值 $\frac{P(y=z \mid x)}{P(y=Z \mid x)}$ 为事件发生比。本书拟检验以下 Logistic 模型的生计策略选择意愿决定因素：兼业型生计意愿对纯农牧型生计意愿、非农牧型生计意愿对纯农牧型生计意愿、非农牧型生计意愿对兼业型生计意愿，由此分别选取 1 和 2 作为参照类，建立 Logistic 模型：

$$\ln\left(\frac{p_2}{p_1}\right) = \alpha_2 + \sum_{k=1}^{K} \beta_{2k} x_k \tag{6-2}$$

$$\ln\left(\frac{p_3}{p_1}\right) = \alpha_3 + \sum_{k=1}^{K} \beta_{3k} x_k \tag{6-3}$$

$$\ln\left(\frac{p_3}{p_2}\right) = \alpha_3 + \sum_{k=1}^{K} \beta_{3k} x_k \tag{6-4}$$

式中，p_1、p_2 和 p_3 分别为选择纯农牧型生计意愿、兼业型生计意愿与非农牧型生计意愿的概率。

6.2.2　变量选择与描述性分析

6.2.2.1　被解释变量

本研究中的被解释变量是农牧民的生计策略选择意愿。在实际调查问卷中，设计的问项是："你希望自己从事哪一种工作？"选择"希望继续从事农牧业相关的工作，如放牧、农牧业生产等"的样本被确定为纯农牧型生计意愿，赋值为1；选择"希望在从事农牧业生产工作的同时，能够兼顾非农牧的工作"的样本被确定为兼业型生计意愿，赋值为2；选择"希望从事非农牧的工作，如外出打工、经商等"的样本被确定为非农牧型生计意愿，赋值为3。

6.2.2.2 解释变量

根据已有的理论基础，本书将青海农牧民生计选择意愿的影响因素划分为几大类：一是公平感知，主要包括分配公平、程序公平、人际公平与信息公平；二是生计资本，主要包括自然资本、社会资本、金融资本、物质资本与人力资本；三是控制变量，主要包括被调查农牧民的性别、年龄，当地是否有成熟产业，与当地州府的距离。

（1）主要解释变量。本书在选择该部分的主要解释变量时，考虑到公平相关理论，将主要解释变量选取为公平感知变量，再根据已有文献研究成果与青海实际情况，将农牧民公平感知划分为分配公平、程序公平、人际公平、信息公平四个维度来测量农牧民的公平感知。具体指标与测量结果详述可见第3章。

（2）控制变量。其他控制变量是根据目前学者已经得到的研究成果，结合农牧地区农牧民特点确定的，本书选取被调查农牧民的性别、年龄、婚姻状况。

6.2.2.3 描述性统计

生计资本变量的描述性统计见表6-1。

表6-1 生计资本变量的描述性统计

变量		赋值	均值	标准差
自然资本	草场质量	差=1，一般=2，好=3	2.39	0.79
	草场面积	很小=1，较小=2，一般=3，较大=4，很大=5	3.27	0.67

续表

变量		赋值	均值	标准差
人力资本	教育程度	初识或不识字=1，小学=2，初中=3，高中或职校=4，大专及以上=5	2.22	1.31
	健康状况	残疾=1，重大疾病=2，慢性疾病=3，偶有小病=4，健康=5	3.46	0.88
	家庭劳动力数量	1人及以下=1；2人=2；3人=3；4人=4；5人及以上=5	2.14	1.25
	参与技能培训	未参与=0，参与=1	0.19	0.53
社会资本	参与村里集体活动	从不参与=1，很少参与=2，一般=3，参与=4，经常参与=5	2.71	1.28
	亲朋好友来往频度	1~10人=1，11~20人=2，21~30人=3，31~40=4，41人及以上=5	2.36	1.31
物质资本	农牧业机械数量	1种=1，2种=2，3种=3，4种=4，5种及以上=5	2.32	0.94
	道路状况	不便利=1，一般=2，很便利=3	1.89	0.99
金融资本	家庭借款难度	非常难=1，较难=2，一般=3，较易=4，非常容易=5	2.31	1.21
	社保种类（低保、养老、医疗、失业等）	没有=1，1种=2，2种=3，3种=4，4种及以上=5	2.69	0.89

参与调研的461个样本中，户主平均年龄为42岁，最小的为19岁，最大的为75岁，35-45岁的居多；户主为男性的有313个，为女性的有148个，分别占样本总数的67.9%和32.1%，有近20%的农牧民没上过学；当地有成熟产业的并不多，不到一半的受访者所在地区有成熟产业，其余的受访者所在地区并没有成熟产业，还需要进一步发展与完善；受访农牧民所住地与当地州府的距离呈现出正态分布，平均为32.4千米，说明选取的调研地区并不存在极端现象，属于较为合理的选取范围。

被访的461位农牧民中，有288位农牧民愿意选择新的生计方式，占样本总数的62.5%。在愿意选择纯农牧型生计的91位农牧民中，男性农牧民与女性农牧民所占比例分别是53.1%、46.9%，新一代农牧民与老一代农牧民所占比例分别是27.4%、72.6%；在愿意选择兼业型生计的249

位农牧民中，男性农牧民与女性农牧民所占比例分别是61.7%、38.3%，新一代农牧民与老一代农牧民所占比例分别是78.7%、21.3%；在愿意选择非农牧型生计的121位农牧民中，男性农牧民与女性农牧民所占比例分别是50.6%、49.4%，新一代农牧民与老一代农牧民所占比例分别是80.3%、19.7%。由此可见，在愿意选择兼业型生计的农牧民中，男性农牧民的占比明显高于女性农牧民。此外，愿意选择非农牧型生计的农牧民中，新一代农牧民的占比明显高于老一代农牧民。

6.2.3 公平感知指数测度

本部分借鉴已有研究成果的研究方法（杨江澜等，2016），通过分配公平、程序公平、人际公平、信息公平四个维度，采用因子分析法测度公平感知指数。分配公平通过就业公平、收入公平、消费公平、劳动保障公平等变量对农牧民在各类分配方面感受的公平程度进行衡量，程序公平通过制度方面、政策方面等变量对农牧民在各类制度与政策制定、落实过程中感受的公平程度进行衡量，人际公平通过农牧民对语言沟通、价值理念、身份认同等问题的评价来界定他们在人际交往中感受的公平程度，信息公平通过农牧民对信息渠道、信息获取、信息有效性的感受对被调查农牧民在信息方面感受的公平程度进行衡量。所有变量都是根据农牧民客观评价与主观感知相结合的回答，采用五级评分标准给调查对象打分的结果。

在测算青海农牧民的内在公平感知指数时，需要运用SPSS 22.0软件进行因子得分的计算。具体方法是，先对原始的调研数据进行标准化处理，然后提取公因子，计算调研样本数据的KMO检验值并进行Bartlett的球形度检验，发现KMO值为0.69，p值小于0.05，证明调研的样本数据是可以进行因子分析的。接着进行因子旋转，注意在此处需要选用最大方差法，结果提取出的特征值大于1的因子共4个，累计方差贡献率为64.871%。对每个公因子进行分析：第一个公因子的方差贡献率是23.052%，其中包括就业公平、收入公平、消费公平、劳动保障公平等变量，将其命名为“分配公平”；第二个公因子的方差贡献率是 16. 155%，其中包括制度方面、政策方面等变量，将其命名为“程序公平”；第三个公因子的方差贡献率是 14. 476%，其中包括语言沟通、价值理念、身份认同等变量，将其命名为“人际公平”；第四个公因子的方差贡献率是 11. 188%，其中包括信息有效性、信息获取的渠道等变量，将其命名为“信息公平”。最后将各个公因子的方差率作为不同的权重，通过加权求和的方法对公平感知指数进行分析，公式为

$$Social\text{-}clusion = (23.052 \times factor1 + 16.155 \times factor2 + 14.476 \times factor3 + 11.188 \times factor4) / 64.871 \quad (6\text{-}5)$$

6. 3　青海农牧民公平感知对生计选择意愿影响的实证检验

6. 3. 1　农牧民公平感知指数对生计选择意愿的影响

本书采用 Stata14. 0 统计软件对调研数据进行无序多项 Logit 分析，在进行农牧民公平感知指数对生计策略选择意愿影响的实证分析时，划分为纯农牧型生计意愿、兼业型生计意愿与非农牧型生计意愿三类研究对象，其中将纯农牧型生计意愿及兼业型生计意愿的样本作为参照组。模型 1 和模型 2 代表相对于纯农牧型生计策略而言兼业型生计策略与非农牧型生计策略的估计结果，模型 3 代表相对于兼业型生计策略而言非农牧型生计策略的估计结果，具体见表 6-2。

表 6-2　公平感知指数对农牧民生计策略选择意愿模型估计结果

变量		模型 1 ln (p_2/p_1)		模型 2 ln (p_3/p_1)		模型 3 ln (p_3/p_2)	
		系数	标准误	系数	标准误	系数	标准误
公平感知	分配公平指数	-0. 276*	0. 165	-0. 432*	0. 226	-0. 156	0. 182
	程序公平指数	0. 331*	0. 184	1. 042***	0. 264	0. 710***	0. 212
	人际公平指数	—	0. 184	0. 961***	0. 262	-0. 510**	0. 218
	信息公平指数	—	0. 147	0. 179	0. 219	-0. 130	0. 188

续表

变量		模型 1 ln（p_2/p_1）		模型 2 ln（p_3/p_1）		模型 3 ln（p_3/p_2）	
		系数	标准误	系数	标准误	系数	标准误
控制变量	自然资本	-0.851***	0.284	-0.867**	0.367	-0.015	0.278
	人力资本	-0.327	0.234	-0.752**	0.319	-0.425*	0.253
	社会资本	0.434	0.336	-0.272	0.481	-0.706*	0.405
	物质资本	0.030	0.239	0.356	0.305	0.326*	0.228
	金融资本	-0.167	0.368	0.407	0.519	0.574*	0.419
	户主性别	0.210	0.167	0.114	0.215	-0.097	0.168
	户主年龄	—	0.199	-0.099	0.259	0.281	0.198
	户主婚姻状况	—	0.189	0.544**	0.229	0.225*	0.160
常量		—	0.752	-0.423	1.012	-1.496*	0.809
Log likelihood		-218.304					
Prob>chi^2		0.000					
Pseudo R^2		0.163					

注：*、**、***分别表示通过显著性水平为10%、5%、1%的统计检验。

6.3.1.1 公平感知指数对农牧民生计策略选择意愿的影响

分配公平指数在模型1和模型2中的系数均为负，均达到了10%的显著性水平，即相对于纯农牧型生计策略而言，分配公平水平越高，青海农牧民选择兼业型生计策略与非农牧型生计策略的概率越小。可能的原因是，农牧民家庭与自身的经济水平越高，在经济层面的适应能力越强，不会因为经济所迫选择生计方式，反而容易选择与之前生计方式相类似的生计策略。分配公平指数在模型3中的系数也为负，但没有通过显著性检验。可能的原因是，经济水平的高低对于兼业型生计策略的农牧民更重要，从事多种行业的生计方式需要有一定的经济基础做铺垫。因此，相对于兼业型生计策略，分配公平对于非农牧型生计策略的影响并不显著。

程序公平指数在模型1和模型2中的系数均为正，且分别达到了10%和1%的显著性水平，即相对于纯农牧型生计策略而言，程序公平水平越高，青海农牧民选择兼业型生计策略与非农牧型生计策略的概率越大。可能的原因是，农牧民的社会参与度越高，社会交往圈子越大，其接收信息的渠道越多，越容易选择与之前不同的生计策略。程序公平指数在模型3中的系数也为正，且达到了1%的显著性水平，即相对于兼业型生计策略而言，程序公平水平越高，农牧民选择非农牧型生计策略的概率越大。可能的原因是，制度与政策方面的公平感对于从事第三产业的劳动者更加重要。因此，相对于兼业型生计策略，程序公平对于非农牧型生计策略的影响更显著。

人际公平指数在模型2中的系数为正，且达到了1%的显著性水平，即相对于纯农牧型生计策略而言，人际公平水平越高，青海农牧民选择非农牧型生计策略的概率越大。可能的原因是，农牧民在语言沟通、价值理念、身份认同等方面与城镇居民越接近，其接受新兴事物的能力越强。而人际公平指数在模型3中的系数为负，且达到了5%的显著性水平，即相对于兼业型生计策略而言，人际公平水平越高，农牧民选择非农牧型生计策略的概率越小。可能的原因是，文化层面的视野越广，劳动者的包容能力越强，农牧民对不同生计策略的接纳程度越大。因此，相对于非农牧型生计策略，人际公平对于兼业型生计策略的影响非常显著。

信息公平指数在模型2中的系数为正，在模型3中的系数为负，都没有通过显著性检验。可能的原因是，在信息公平水平较高的情况下，农牧民在选择生计方式过程中，既愿意保留原有的纯农牧型生计策略，又愿意尝试新的非农牧型生计策略。因此，相对于兼业型生计策略，信息公平对于非农牧型生计策略的影响并不显著。

6.3.1.2 控制变量对农牧民生计策略选择意愿的影响

（1）资本禀赋变量。农牧民的自然资本在模型1和模型2中的系数均为负，且分别达到了1%与5%的显著性水平，即相对于纯农牧型生计策略而言，青海农牧民搬迁之前拥有的草场数量与目前草场质量直接关系着他们生计策略选择的意愿。草场数量越多或草场质量越好，农牧民选择兼业型生计策略与非农牧型生计策略的概率越小，且这种负向关系对农牧民选择兼业型生计策略的影响更大。在模型1和模型2中农牧民的人力资本系数均为负，且在模型2中达到了5%的显著性水平，即相对于纯农牧型生计策略而言，人力资本积累越多，农牧民选择兼业型生计策略的概率越小；在模型3中农牧民人力资本达到了10%的显著性水平且系数为负，表明人力资本水平越高的农牧民，越愿意选择兼业型生计策略。农牧民的社会资本、物质资本与金融资本有些类似，在模型1和模型2中均没有达到显著性水平，而在模型3中均达到了10%的显著性水平，系数符号分别为负、正和正，说明相比纯农牧型生计策略而言，农牧民的社会资本、物质资本与金融资本水平对选择兼业型生计策略与非农牧型生计策略并未起到显著作用，而在兼业型与非农牧型两种生计策略中，社会资本水平越高的农牧民越倾向于选择兼业型生计策略，而物质资本与金融资本水平越高的农牧民越愿意选择非农牧型生计策略。

（2）户主特征变量。受访农牧民的户主性别在模型1、模型2与模型3中均没有达到显著性水平，说明农牧民的户主性别对其生计策略选择的意愿并未起到显著的作用。受访农牧民的年龄在模型2和模型3中均未达到显著性水平，说明年龄对选择兼业型生计策略与非农牧型生计策略并没有影响。受访农牧民户的婚姻状况在模型2中的系数为正且达到5%的显著性水平，即相对于纯农牧型生计策略而言，婚姻状况对青海农牧民生计策略选择意愿具有一定的影响效应，已婚农牧民选择非农牧型生计策略的概率较大；在模型3中达到了10%的显著性水平且系数为正，即相较于兼业型生计策略，已婚农牧民更愿意选择非农牧型生计策略，可见婚姻状况在一定程度上反映着肩负家庭责任的表现。在选择生计策略过程中，肩负着家庭生计责任的农牧民更愿意尝试不同的升级方式，以此达到拓宽收入渠道的目的。

6.3.2 农牧民公平感知各维度对生计策略选择意愿的影响

6.3.2.1 农牧民分配公平对生计策略选择意愿的影响

本书采用Stata14.0统计软件对调研数据进行无序多项Logit分析，在进行农牧民分配公平对生计策略选择意愿影响的实证分析时，生计策略选择意愿、模型1、模型2，以及模型3的表示内容与6.3.1节相同，故省略。具体见表6-3。由于控制变量对农牧民生计策略选择意愿的估计结果与6.3.1节中分析内容类似，故在此省略该估计结果。

表6-3　分配公平对农牧民生计策略选择意愿模型估计结果

变量		模型1 ln（p_2/p_1）		模型2 ln（p_3/p_1）		模型3 ln（p_3/p_2）	
		系数	标准误	系数	标准误	系数	标准误
分配公平	就业公平	-0.355***	0.116	-0.075	0.071	0.280**	0.116
	收入公平	0.678***	0.419	1.556*	0.618	-0.878*	0.530
	消费公平	0.044	0.180	0.117	0.226	0.072	0.179
	劳动保障公平	-0.072	0.149	-0.125	0.193	-0.053	0.154
控制变量	自然资本	0.416	0.320	-0.373	0.467	-0.789**	0.408
	人力资本	0.564*	0.334	0.667*	0.444	0.103	0.378
	社会资本	0.813***	0.265	0.711**	0.340	0.102	0.278
	物质资本	-0.007	0.219	0.306	0.294	0.313	0.244
	金融资本	0.099	0.358	0.553	0.493	0.454	0.409
	户主性别	0.180	0.163	0.111	0.207	-0.069	0.167
	户主年龄	-0.461**	0.197	-0.115	0.251	0.346*	0.201
	户主婚姻状况	0.319*	0.182	0.537**	0.219	0.218	0.158
	综合	-0.521**	0.245	-1.015***	0.323	-0.494**	0.257
常量		1.474*	0.913	-0.938	1.174	-2.412**	1.020
Log likelihood		-228.919					
Prob>chi^2		0.000					
Pseudo R^2		0.122					

注：*、**、***分别表示通过显著性水平为10%、5%、1%的统计检验。

就业公平在模型1和模型2中的系数均为负，且在模型1中达到了1%的显著性水平，即相对于纯农牧型生计策略而言，就业状况越受到平等待遇，青海农牧民选择兼业型生计策略的概率越小。可能的原因是，农牧民如果有很好的就业机会，就会更愿意选择安心从事某一行业，这或许是受到适应能力及文化观念等因素的影响。而收入公平在模型1和模型2中的系数均为正，且分别达到了1%和10%的显著性水平，即相对于纯农牧型生计策略而言，收入公平越佳，青海农牧民选择兼业型生计策略与非农牧型生计策略的概率越大；在模型3中的系数为负，达到了10%的显著性水平，即相较于非农牧型生计策略，收入水平的高低决定农牧民是否愿意选择兼业型生计策略。可能的原因是，有足够的收入水平做基础，农牧民看到其他市场机会更愿意选择尝试。譬如，具有一定经营理念与能力的农牧民就会选择在从事纯农牧型生计之外，经营起自己的店铺，尝试其他行业的生计方式。

6.3.2.2 农牧民程序公平对生计策略选择意愿的影响

本书采用Stata14.0统计软件对调研数据进行无序多项Logit分析，在进行农牧民程序公平对生计策略选择意愿影响的实证分析时，生计策略选择意愿、模型1、模型2，以及模型3的表示内容与6.3.1节相同，故省略。具体见表6-4。由于控制变量对农牧民生计策略选择意愿的估计结果与6.3.1节中分析内容类似，故在此省略该估计结果。

表6-4 程序公平对农牧民生计策略选择意愿模型估计结果

变量		模型1 ln（p_2/p_1）		模型2 ln（p_3/p_1）		模型3 ln（p_3/p_2）	
		系数	标准误	系数	标准误	系数	标准误
程序公平	制度方面	0.328***	0.113	0.055	0.075	-0.272***	0.113
	政策方面	0.357	0.357	0.902*	0.483	0.546*	0.399
综合		-0.445**	0.232	-0.862***	0.304	-0.417*	0.247
控制变量	自然资本	0.311	0.314	-0.582	0.456	-0.894**	0.401
	人力资本	0.560*	0.336	0.723***	0.440	0.163	0.374
	社会资本	-0.768	0.262	-0.640**	0.333	0.128	0.273
	物质资本	0.040	0.218	0.392*	0.289	0.352*	0.238
	金融资本	0.064	0.354	0.556	0.486	0.492	0.406
	户主性别	0.162	0.161	0.074	0.205	-0.088	0.168
	户主年龄	0.269*	0.174	0.467**	0.210	0.197	0.155
	户主婚姻状况	-0.395**	0.191	-0.027	0.244	0.367*	0.200

续表

变量	模型 1 ln（p_2/p_1）		模型 2 ln（p_3/p_1）		模型 3 ln（p_3/p_2）	
	系数	标准误	系数	标准误	系数	标准误
常量	1.638**	0.805	-0.445	1.004	-2.084**	0.866
Log likelihood	-236.643					
Prob>chi^2	0.001					
Pseudo R^2	0.092					

注：*、**、***分别表示通过显著性水平为10%、5%、1%的统计检验。

在制度方面，模型1和模型2中的系数均为正，且在模型1中达到了1%的显著性水平，即相对于纯农牧型生计策略而言，制度方面的公平感越强，青海农牧民选择兼业型生计策略的概率越大；模型3中的系数为负且达到了1%的显著性水平，即相较于非农牧型生计策略而言，青海农牧民制度方面的公平感越强，越倾向于兼业型生计策略。可能的原因是，农牧民在生活中制度方面的公平感越强，越了解当地经济社会的发展，越容易获得各类就业信息，从而促进其选择兼业型生计策略。而在政策方面模型1和模型2中的系数均为正，且在模型2中达到了10%的显著性水平，即相对于纯农牧型生计策略而言，政策方面公平感越强的农牧民，选择非农牧型生计策略的概率越大；模型3中的系数也为正，且达到了10%的显著性水平，即相较于兼业型生计策略，政策方面的公平感水平决定着农牧民对非农牧型生计策略的选择意愿。可能的原因是，制度方面的公平感更注重农牧民对生活与社会的态度，而政策方面的公平感可能更多地体现农牧民感受到的政府帮扶，政策方面的公平感越强的农牧民越愿意选择非农牧型生计策略。

6.3.2.3　农牧民人际公平对生计策略选择意愿的影响

本书采用Stata14.0统计软件对调研数据进行无序多项Logit分析，在进行农牧民人际公平对生计策略选择意愿影响的实证分析时，生计策略选择意愿、模型1、模型2，以及模型3的表示内容与6.3.1节相同，故省略。具体见表 6-5。由于控制变量对农牧民生计策略选择意愿的估计结果与 6.3.1 节中分析内容类似，故在此省略该估计结果。

表 6-5 人际公平对农牧民生计策略选择意愿模型估计结果

变量		模型 1 ln（p_2/p_1）		模型 2 ln（p_3/p_1）		模型 3 ln（p_3/p_2）	
		系数	标准误	系数	标准误	系数	标准误
人际公平	语言沟通	0.338*	0.188	0.122	0.234	0.216	0.170
	价值理念	0.383**	0.199	0.652***	0.252	0.269*	0.196
	身份认同	0.033	0.204	0.156*	0.251	-0.123	0.189
控制变量	自然资本	-0.371*	0.225	-0.827***	0.302	-0.456**	0.245
	人力资本	0.345	0.310	-0.459	0.461	-0.804**	0.407
	社会资本	0.440*	0.318	0.549	0.435	0.109	0.372
	物质资本	-0.670***	0.261	-0.593*	0.335	0.077	0.267
	金融资本	-0.015	0.220	0.362	0.290	0.377*	0.235
	户主性别	-0.340	0.358	0.157	0.501	0.497	0.413
	户主年龄	0.366**	0.177	0.551***	0.214	0.185	0.153
	户主婚姻状况	-0.327*	0.186	-0.054	0.241	0.273*	0.191
常量		3.794***	0.958	2.789**	1.205	-1.005	0.882
Log likelihood		-230.576					
Prob>chi^2		0.000					
Pseudo R^2		0.116					

注：*、**、***分别表示通过显著性水平为 10%、5%、1%的统计检验。

语言沟通在模型 1 和模型 2 中的系数均为正，且在模型 1 中达到了 10%的显著性水平，即相对于纯农牧型生计策略而言，语言差异越小，青海农牧民选择兼业型生计策略的概率越大；在模型 3 中没有达到显著性水平。可能的原因是，青海农牧民大多为藏族，加之青海是少数民族集聚地，语言文化存在差异，部分农牧民只会讲本民族语言而不会讲普通话，到城镇生活后，若想从事其他行业，语言是最直接的沟通渠道，存在语言差异在一定程度上阻碍着农牧民选择兼业型生计策略。价值理念在模型 1 和模型 2 中的系数均为正，且分别达到了 5%和 1%的显著性水平，即相对于纯农牧型生计策略而言，价值理念越相似，农牧民选择兼业型生计策略和非农牧型生计策略的概率越大；在模型 3 中达到了 10%的显著性水平，说明相较于兼业型生计策略，农牧民更愿意选择非农牧型生计策略。身份认同在模型 1 和模型 2 中的系数均为正，且在模型 2 中达到了 10%的显著性水平，即相对于纯农牧型生计策略来说，农牧民越得到当地居民的身份认同，他们选择非农牧型生计策略的概率越大；在模型 3 中没有达到显著性水平，说明农牧民在人文理念方面没有意愿选择兼业型生计策略与非农牧型生计策略。

6. 3. 2. 4　农牧民信息公平对生计策略选择意愿的影响

本书采用 Stata14. 0 统计软件对调研数据进行无序多项 Logit 分析，在进行农牧民信息公平对生计策略选择意愿影响的实证分析时，生计策略选择意愿、模型 1、模型 2，以及模型 3 的表示内容与 6. 3. 1 节相同，故省略。具体见表 6-6。由于控制变量对农牧民生计策略选择意愿的估计结果与 6. 3. 1 节中分析内容类似，故在此省略该估计结果。

表 6-6　信息公平对农牧民生计策略选择意愿模型估计结果

变量		模型 1 ln（p_2/p_1）		模型 2 ln（p_3/p_1）		模型 3 ln（p_3/p_2）	
		系数	标准误	系数	标准误	系数	标准误
信息公平	信息渠道	0.226*	0.141	-0.175	0.176	0.051	0.140
	信息获取	-0.057*	0.147	-0.060*	0.192	-0.118	0.152
	信息有效性	0.652*	0.392	1.522***	0.586	0.869*	0.496
控制变量	自然资本	-0.442**	0.228	-0.952***	0.310	-0.510**	0.254
	人力资本	0.313	0.311	-0.400	0.459	-0.713*	0.405
	社会资本	0.508*	0.316	0.576*	0.431	0.068	0.369
控制变量	物质资本	-0.690***	0.253	-0.616**	0.333	0.074	0.272
	金融资本	-0.011	0.211	0.301	0.288	0.312*	0.240
	户主性别	-0.164	0.346	0.387	0.485	0.551*	0.403
	户主年龄	0.410**	0.178	0.573***	0.213	0.163	0.151
	户主婚姻状况	-0.352**	0.184	-0.075	0.240	0.277*	0.193
常量		1.445**	0.712	-0.333	0.985	-1.778**	0.817

续表

变量	模型 1 ln（p_2/p_1）		模型 2 ln（p_3/p_1）		模型 3 ln（p_3/p_2）	
	系数	标准误	系数	标准误	系数	标准误
Log likelihood	−236.643					
Prob>chi^2	0.001					
Pseudo R^2	0.092					

注：*、**、***分别表示通过显著性水平为 10%、5%、1%的统计检验。

信息渠道在模型 1 和模型 2 中的系数分别为正与负，且在模型 1 中达到了 10%的显著性水平，即相对于纯农牧型生计策略而言，农牧民若能获得公平的信息渠道，选择兼业型生计策略的概率就大；而在模型 3 中没有达到显著性水平。如果在与其他非农牧民交往、享受各类待遇等方面能够平等无差，则说明农牧民的信息渠道没有不公平，信息渠道的公平感能促使农牧民积极尝试新的生计方式。信息获取在模型 1 和模型 2 中的系数均为负，且均达到了 10%的显著性水平，即相对于纯农牧型生计策略而言，农牧民的信息获取越接近当地居民，其选择兼业型生计策略与非农牧型生计策略的概率越大；在模型 3 中未达到显著性水平，信息获取对农牧民兼业型生计策略与非农牧型生计策略的选择并不存在影响。信息有效性在模型 1 和模型 2 中的系数均为正，且分别达到了 10%和 1%的显著性水平，即相对于纯农牧型生计策略而言，青海农牧民在生活中获取信息的效率越高、信息准确性越高，选择兼业型生计策略与非农牧型生计策略的概率越大，且这种正向关系对于农牧民选择非农牧型生计策略的影响越大；在模型 3 中达到了 10%的显著性水平，即相较于兼业型生计策略，生活中的信息有效性关系着农牧民是否愿意选择非农牧型生计策略。可能的原因是，对生活各方面都很满意的农牧民对城镇生活很适应，生计方式与当地居民更加相似，更愿意选择非农牧型生计策略。

6.4　本章小结

本章结合青海实地调研的微观数据，考察了农牧民公平感知及其各维度对生计策略意愿的影响，并进一步探究了农牧民分配公平、程序公平、人际公平、信息公平四个维度对生计策略意愿影响的内在作用机理，主要研究结论如下。

（1）公平感知及其各维度对青海农牧民生计策略选择意愿有不同的显著性影响，同时针对不同类型的生计策略选择意愿存在影响差异。分配公平水平越高，青海农牧民选择纯农牧型生计策略的概率越大；程序公平水平越高，青海农牧民选择兼业型生计策略与非农牧型生计策略的概率越大；人际公平水平越高，青海农牧民选择兼业型生计策略的概率越大；信息公平对青海农牧民选择兼业型生计策略与非农牧型生计策略的影响不大。

（2）在控制变量中，生计资本、户主特征等变量对农牧民生计策略选择意愿有不同的显著影响。就自然资本而言，草场数量越多或草场质量越好，农牧民选择兼业型生计策略与非农牧型生计策略的概率越小；就人力资本而言，人力资本积累越多，农牧民选择纯农牧型生计策略的概率越大，其次是兼业型生计策略、非农牧型生计策略；就社会资本、物质资本与金融资本而言，三者有些类似，相比较纯农牧性型生计策略，三者对选择兼业型生计策略与非农牧型生计策略并未起到显著作用，而在兼业型与非农牧型两种生计策略中，社会资本水平越高的农牧民越倾向于选择兼业型生计策略，而物质资本与金融资本水平越高的农牧民更愿意选择非农牧型生计策略。农牧民户主的性别对青海农牧民生计策略选择的意愿并未起到显著作用；对于纯农牧型生计策略而言，年纪越大的农牧民选择非农牧型生计策略的概率越小。就婚姻状况而言，相对于纯农牧型生计策略，已婚农牧民选择非农牧型生计策略的概率最大，其次是兼业型生计策略。

（3）农牧民分配公平、程序公平、人际公平、信息公平四个维度均对生计策略意愿的影响存在内在作用机理。其中，相对于纯农牧型生计策略而言，就业公平越强，青海农牧民选择兼业型生计策略的概率越小；收入公平越佳，青海农牧民选择兼业型生计策略与非农牧型生计策略的概率越大；制度方面公平度越高，青海农牧民选择兼业型生计策略的概率越大，其次是非农牧型生计策略；政策方面公平感更多的农牧民，选择非农牧型生计策略的概率最高，其次是兼业型生计策略；语言沟通的差异越小，青海农牧民选择兼业型生计策略的概率越大；价值理念越相似，青海农牧民选择兼业型生计策略和非农牧型生计策略的概率越大；农牧民越得到当地居民的身份认同，他们选择非农牧型生计策略的概率越大；农牧民越能享受公平的信息渠道，他们选择兼业型生计策略的概率越大；农牧民的信息获取平等程度越接近当地居民，其选择兼业型生计策略与非农牧型生计策略的概率越大；青海农牧民在生活中获得的信息有效性越高，其选择兼业型生计策略与非农牧型生计策略的概率越大。

在农牧民生计方式选择过程中，各级政府在制定相关政策时需要关注公平感知对农牧民生计选择意愿的影响，应努力加强文化保护与融合，积极提供各类社会活动参与平台，及时完善相应的保障体系与监管细节，为农牧民公平感知的改善创造良好环境与制度条件。

第7章

青海农牧民公平感知对生计选择行为的影响

7.1 理论框架

根据理性行为理论，影响个体行为的因素有很多，劳动力的行为特征也是如此。早在 18 世纪，学术界对农业中的劳动力行为就有相应的研究，亚当·斯密的劳动分工理论提到了劳动力的生产行为；而舒尔茨的理性小农经济理论对农户的行为有了更进一步的阐述，他对农户生计行为的探究做了前期的探索与铺垫。20 世纪末，有学者在研究劳动力生计行为过程中，将前期的研究成果作为理论依据，为劳动力的个体生产行为研究夯实了理论基础，对于资本禀赋与农牧民生计行为之间的关系也提供了一定的研究基石。在早期的资本理论中，将资本作为劳动力，配置不同形式的资源，为劳动力个体提供了各类能力的集合。由此可以看出，资本禀赋的关键特征其实源于劳动者拥有的不同类型资本，这对于研究农牧民的各类生计行为产生了深远影响。另外，Janvry 和 Sadoulet 在研究劳动者的生计行为过程中发现了个体差异性，这种差异性会直接导致劳动力生计模型的不同。产生这种差异性的原因，除了劳动力资本积累的不同外，更重要的是劳动力个体内在感知水平的不同，这正是经济学中存在的心理学问题，即个体行为在很大程度上由个体的内在心理决定，而这种内在心理正是研究对象出现差异性的内在原因。对于青海农牧民群体而言，这种个体的差异性同样是客观存在的。根据在青海各地的实地调研，我们发现各类资本与内在公平感是农牧民选择生计的关键因素，生计行为选择是否恰当直接决定着农牧民的增收水平，因此资本禀赋与内在公平感成为青海农牧民增收的重要因素。

综上所述，本书在区分农牧民生计策略选择行为的基础上，探究影响农牧民生计策略选择行为的重要因素，识别农牧民面临的生计困难和风险，寻找提升青海农牧民可持续生计能力的新路径。

7.2 变量选取、描述性分析与模型构建

7.2.1 变量选取与描述性分析

7.2.1.1 因变量：农牧民生计策略行为

本章选取的因变量是农牧民的生计策略行为，根据上一章对生计策略的研究，将农牧民的生计策略行为划分为不同类型，即农牧型生计策略、非农牧型生计策略和兼业型生计策略。其中，兼业型生计策略是指农牧民既从事农牧型生计也从事非农牧型生计的混合生计行为模式。由于这种生计比较复杂，在分析研究过程中可以将其剖析得更加深入些，以便进一步掌握生计行为的内在机理。对于兼业这种混合型的生计行为，可以按照青海农牧民的收入比例将兼业的程度进一步细分，即青海农牧民的非农牧业方面的收入占总收入比重不足50%的为一兼业农牧户，农牧民的非农牧业方面的收入占总收入比重多于50%的为多兼业农牧户。

7.2.1.2 核心解释变量：公平感知

在已有研究的基础上，选取核心解释变量对青海农牧民的公平感知进行分析。为了进一步探究不同融入维度的影响，将公平感知具体划分为分配公平、程序公平、人际公平、信息公平4个维度和12个指标，作为模型的主要解释变量，其详细论述见第3章。

7.2.1.3 其余的控制变量

在选择控制变量过程中，将青海农牧民的个人与家庭特征作为控制变量的主要组成部分。首先，是青海农牧民的生计资本，包含5个层面，即自然资本、人力资本、社会资本、金融资本与物质资本；其次，是受访农

牧民户户主的性别、年龄、婚姻状况；最后，是识别变量，是指对第一阶段的因变量起到直接的影响效应，而对第二阶段的因变量没有起到直接的影响效应。主要变量定义与描述性分析见表 7-1。在样本农牧户受访者中，户主平均年龄为 44 岁，最小的为 19 岁，最大的为 82 岁，30~50 岁的居多，且男性有 333 位，女性有 128 位，分别占总样本数的 72.2%和 27.8%；农牧民户户主受教育的平均年限是 7 年，小学及以下文化程度的更多。

表 7-1 主要变量定义及描述性分析

变量		定义与赋值	均值
公平感知	分配公平	根据因子分析得分计算（由第 3 章计算获得）	2.96
	程序公平	根据因子分析得分计算（由第 3 章计算获得）	3.15
	人际公平	根据因子分析得分计算（由第 3 章计算获得）	2.93
	信息公平	根据因子分析得分计算（由第 3 章计算获得）	2.68
控制变量	自然资本	根据因子分析得分计算	2.98
	人力资本	根据因子分析得分计算	3.84
	社会资本	根据因子分析得分计算	3.27
	金融资本	根据因子分析得分计算	3.78
	物质资本	根据因子分析得分计算	3.94
受访农牧民户户主性别		男=1，女=0	0.72
受访农牧民户户主年龄		被访者受访时的年龄/岁	44.24
受访农牧民户户主婚姻状况		已婚=1，未婚=0	0.71
识别变量	就业机会乐观度	非常乐观=1，不乐观=2，一般=3，乐观=4，非常乐观=5	3.49
	当地成熟产业	有=1，没有=0	2.77

7.2.2 模型构建

考虑三类生计策略选择行为的差异性，本章通过二元 Logistic 模型分析公平感知对纯农牧型生计策略行为、非农牧型生计策略行为的影响，通过 Heckman 两阶段模型分析城镇融入对兼业型生计策略行为的影响。

7.2.2.1 二元 Logistic 模型

本书将农牧民的生计策略划分为农牧型生计策略、兼业型生计策略及非农牧型生计策略三种。农牧民是否发生生计策略选择行为用 $Y_i(i=1, 2, 3)$ 表示，那么 Y_i 只有两种情况，一种是选择第 i 种生计策略，另一种是不选择第 i 种生计策略，可以表示为

$$Y_i=\begin{cases}1, & \text{选择}\\ 0, & \text{不选择}\end{cases}$$

Y_i 选取的值有两个，即 0 和 1，因此 Y_i 属于离散型选择问题。对于该类研究问题，一般通过自变量的变化对事件发生概率的影响进行研究，即根据 $P=p(Y_i=1)$ 的变化进行判断。由此，本书选取二元 Logistic 模型，具体的公式表述如下：

$$\ln\left(\frac{P}{1-P}\right)=\ln\left(\frac{p(y_i=1)}{1-p(y_i=1)}\right)=\alpha+\sum_{i=1}^{n}\beta_i x_i+\varepsilon=\alpha+\beta_1 x_1+\cdots+\beta_n x_n+\varepsilon \tag{7-1}$$

式中，x_n 为 Y_i 取值的 n 个影响因素；α 为常数项；$\beta_i(i=1, 2, \cdots, n)$ 为第 i 个解释变量的回归系数；ε 为随机干扰项。根据式（7-1），可以变换成概率 P，具体的公式表述如下：

$$P(y_i=1 \mid x_i)=\frac{e^{\alpha+\sum_{i=1}^{n}\beta_i x_i}}{1+e^{\alpha+\sum_{i=1}^{n}\beta_i x_i}}=\frac{\exp(\alpha+\beta_1 x_1+\cdots+\beta_n x_n)}{1+\exp(\alpha+\beta_1 x_1+\cdots+\beta_n x_n)} \tag{7-2}$$

如果其他变量不变，当变量 x_i 从 0 变成 1 时，选择第 i 种生计策略概率的变化称为“自变量变化的边际效应”，具体的公式表达如下：

$$\Delta P=P(y_i=1/x_i=1)-P(y_i=1/x_i=0)=$$

$$\frac{\exp(\beta_0+\beta_1 x_1+\cdots+\beta_n x_n)}{1+\exp(\beta_0+\beta_1 x_1+\cdots+\beta_n x_n)}-\frac{\exp(\beta_0+\beta_1 x_1+\cdots+\beta_{n-1} x_{n-1})}{1+\exp(\beta_0+\beta_1 x_1+\cdots+\beta_{n-1} x_{n-1})} \tag{7-3}$$

7. 2. 2. 2 Heckman 两阶段模型

青海农牧民的兼业型生计行为可细分为两个阶段：第一个阶段是青海农牧民是否选择兼业的生计方式，第二个阶段是青海农牧民从事兼业型生计行为的程度。只有当农牧民从事兼业型生计策略时，才能观测到该农牧民从事兼业生计的程度如何。这里需要注意的一点是，如果青海农牧民在

兼业型生计行为的第一个阶段选择了“否”，则这个样本的第二个阶段不存在观测值，这样实际上可以通过 Heckman 两阶段模型的研究方法避免样本存在选择性偏误问题。可以将青海农牧民选择兼业型生计的具体过程划分为“是否选择兼业型生计方式”和“从事兼业型生计行为的程度”，构建模型：

$$y_{i1}^{*}=x'_{i}\alpha+\mu_{i} \qquad y_{i1}=\begin{cases}1，当 y_{i1}^{*}>0 时\\0，当 y_{i1}^{*}\leqslant 0 时\end{cases} \tag{7-4}$$

$$y_{i2}^{*}=z'_{i}\beta+\varepsilon_{i} \qquad y_{i2}=\begin{cases}可观测值，当 y_{i2}^{*}>0 时\\不可观测值，当 y_{i2}^{*}\leqslant 0 时\end{cases} \tag{7-5}$$

式（7-4）表示选择方程，式（7-5）表示结果方程。式中，y_{i1}^{*} 和 y_{i2}^{*} 为潜变量；y_{i1} 和 y_{i2} 为因变量；x'_{i} 和 z'_{i} 为自变量的向量；α 和 β 为待估计系数；μ_{i} 和 ε_{i} 为残差项；i 为第 i 个样本。根据式（7-4）、式（7-5），构建无条件概率模型：

$$\text{prob}(y_{i1}=0\,|\,x_{i},\ z_{i})=1-\Phi_{1}(x'_{i}\alpha) \tag{7-6}$$

$$\text{prob}(y_{i2}=0,\ y_{i1}=1\,|\,x_{i},\ z_{i})=\Phi_{2}(-z'_{i}\beta,\ x'_{i}\alpha,\ -\rho) \tag{7-7}$$

$$\text{prob}(y_{i2}=1,\ y_{i1}=1\,|\,x_{i},\ z_{i})=\Phi_{2}(z'_{i}\beta,\ x'_{i}\alpha,\ -\rho) \tag{7-8}$$

式中，$\Phi_{1}(*)$ 为标准正态分布函数；$\Phi_{2}(*)$ 为累计二元正态分布函数。根据数据可得性与研究目的，将农牧民是否从事兼业型生计（y_{1}）和农牧民从事兼业型生计的程度（y_{2}）看作可观测因变量，将农牧民公平感知中的分配公平（x_{1}，z_{1}）、程序公平（x_{2}，z_{2}）、人际公平（x_{3}，z_{3}）、信息公平（x_{4}，z_{4}）作为核心自变量，将受访农牧民生计资本中的自然资本（x_{5}，z_{5}）、人力资本（x_{6}，z_{6}）、社会资本（x_{7}，z_{7}）、金融资本（x_{8}，z_{8}）、物质资本（x_{9}，z_{9}），以及户主的性别（x_{10}，z_{10}）、年龄（x_{11}，z_{11}）、婚姻状况（x_{12}，z_{12}）看作控制变量。同时，为保证其估计的可识别性，式（7-4）中至少要包含一个不在式（7-5）中出现的变量，且这些变量对式（7-4）的因变量有直接影响效应，但对式（7-5）的因变量没有直接影响效应，这些变量称为“识别变量”，将选择就业机会（x_{13}，z_{13}）、当地是否有成熟产业（x_{14}，z_{14}）看作识别变量。由式（7-6）至式（7-8）将研究模型扩展如下：

$$prob(y_{i1}=0|x_i, z_i)=1-\Phi_1(\alpha_0+\sum_{k=1}^{16}\alpha_k x_{ki}) \tag{7-9}$$

$$prob(y_{i2}=0, y_{i1}=0|x_i, z_i)=\Phi_2(-\beta_0-\sum_{k=1}^{14}\beta_k z_{ki}, \alpha_0+\sum_{k=1}^{16}\alpha_k x_{ki}, -\rho) \tag{7-10}$$

$$prob(y_{i2}=1, y_{i1}=0|x_i, z_i)=\Phi_2(\beta_0+\sum_{k=1}^{14}\beta_k z_{ki}, \alpha_0+\sum_{k=1}^{16}\alpha_k x_{ki}, -\rho) \tag{7-11}$$

式中，α_0 和 β_0 为常数项。

7.3 青海农牧民公平感知对生计策略选择行为的影响研究

7.3.1 青海农牧民公平感知对纯农牧型生计选择行为的影响

本书选取了二元 Logistic 模型，采用 Stata13.0 软件进行数据处理与分析。在该部分研究中，被解释变量是纯农牧型生计行为，模型的估计结果见表 7-2。可以看出，模型 1 到模型 2 中的 Pseudo R^2 值呈递增趋势，说明选取模型的整体拟合度是逐步提高的，模型的整体估计结果较为理想。

表 7-2 总样本模型的数据估计结果

变量		模型 1			模型 2		
		系数	标准误	p 值	系数	标准误	p 值
分配公平	就业公平	-0.706***	0.141	0.082	-0.624**	0.136	0.031
	收入公平	0.414*	0.079	0.000	0.376*	0.081	0.000
	消费公平	0.886	0.139	0.439	0.971	0.169	0.865
	劳动保障公平	1.015	0.231	0.946	0.979	0.255	0.935
程序公平	制度方面	1.054	0.041	0.175	1.065	0.047	0.156
	政策方面	0.613***	0.095	0.002	0.528***	0.094	0.000

续表

变量		模型 1			模型 2		
		系数	标准误	p 值	系数	标准误	p 值
人际公平	语言沟通	0.925	0.357	0.840	1.010	0.446	0.982
	价值理念	1.220	0.180	0.178	1.355*	0.227	0.070
	身份认同	1.338	0.290	0.179	1.426	0.341	0.137
信息公平	信息渠道	0.997	0.207	0.990	1.019	0.232	0.934
	信息获取	0.819	0.180	0.364	0.885	0.213	0.611
	信息有效性	1.076	0.184	0.670	1.052	0.193	0.781
控制变量	自然资本	—	—	—	1.934***	0.369	0.001
	人力资本	—	—	—	1.335	0.241	0.109
	社会资本	—	—	—	1.378*	0.238	0.064
	物质资本	—	—	—	0.635**	0.127	0.023
	金融资本	—	—	—	1.294	0.259	0.198
	户主性别	—	—	—	1.517*	0.332	0.057
	户主年龄	—	—	—	1.473*	0.337	0.090
	户主婚姻状况	—	—	—	1.558	0.788	0.381
	当地成熟产业	—	—	—	0.752	0.310	0.489
	与所在州州府距离	—	—	—	0.988	0.015	0.415
常量		2.856	3.364	0.373	0.004**	0.011	0.031
Log likelihood		-126.639			-107.852		
Prob>chi^2		0.000			0.000		
Pseudo R^2		0.207			0.325		

注：*、**、***分别表示通过显著性水平为 10%、5%、1%的统计检验。

7.3.1.1　公平感知对纯农牧型生计选择行为的影响效应

由表 7-2 可知，模型 1 中仅考虑公平感知对纯农牧型生计策略选择行为的影响。模型估计结果显示，就分配公平而言，就业公平、收入公平两个变量分别通过了 1%和 10%的显著性检验，且系数分别为负和正，表明分配公平对纯农牧型生计策略选择行为有显著影响，其中就业公平与收入公平对纯农牧型生计策略选择行为的影响尤为显著；而模型 2 中加入了控制变量后，模型估计结果显示，分配公平中的就业公平、收入公平两个变量分别通过了5%和10%的显著性检验，且系数分别为负和正，表明在考虑各类控制变量后，分配公平对纯农牧型生计策略选择行为的影响仍然显著，其中就业公平对纯农牧型生计策略选择行为的影响更加显著。这说明就业市场越有前景，农牧民越有可能不选择纯农牧型生计，经济方面对纯农牧型生计具有一定的显著效应。就程序公平而言，模型1中政策方面的公平在1%的显著性水平下通过了检验，且系数为正，表明程序公平对纯农牧型生计策略选择行为有显著影响，其中政策方面的公平感对纯农牧型生计策略选择行为的影响尤为显著；而模型2中加入了控制变量后，模型估计结果显示，在程序公平中政策方面的公平在1%的显著性水平通过了检验，且系数为正，表明在考虑各类控制变量后，同样是政策方面的公平感对纯农牧型生计策略选择行为的影响尤为显著。这说明农牧民在新环境中，要继续从事纯农牧型生计，政策方面的公平感在一定程度上体现了享受各类政策对农牧民生计策略选择行为的重要性。就人际公平而言，在模型2中加入了控制变量后，只有价值理念通过显著性检验，表明人际公平对纯农牧型生计策略选择行为影响不太显著。这说明在不同生计方式下的生活模式中，人际公平层面对从事农牧业并无影响。就信息公平而言，在模型2中加入了控制变量后，仍没有变量通过显著性检验，表明信息公平对纯农牧型生计策略选择行为没有显著影响。这说明农牧民即使在生活中没有获得足够的信息方面的公平感，也不影响农牧民从事农牧业。

7.3.1.2 控制变量对纯农牧型生计选择行为的影响效应

表7-2中，模型2的估计结果显示，生计资本中的自然资本、社会资本、物质资本分别通过了1%、10%和5%的显著性检验，且系数均为正，表明对纯农牧型生计行为影响最显著的生计资本是自然、社会和物质方面的资本，这说明纯农牧型生计策略依赖于草场数量多少与质量好坏，同时离不开农牧机械器具与农牧民户的社会资本等因素。此外，农牧民户户主的性别和年龄均通过了10%的显著性检验，且系数均为正，表明纯农牧型

生计更适合男性，且年纪越大，越不容易掌握新的技术，越倾向以往的纯农牧型生计。

7.3.2　青海农牧民公平感知对兼业型生计选择行为的影响

兼业型生计策略是纯农牧型生计策略与非农牧型生计策略的混合生计模式，考虑到兼业型生计策略特征较为复杂，包含许多种生计策略情形，因此在该研究部分将兼业型生计策略的决策过程视为两个阶段，即农牧民是否从事兼业型生计策略，以及从事兼业型生计策略的程度。在其他控制变量的基础上，考虑到公平感知变量包含四个维度，涉及不同层面，分别是分配层面的公平、程序层面的公平、人际层面的公平、信息层面的公平，为了能够全面分析公平感知对农牧民兼业型生计策略选择行为的影响，本书分别探究公平感知总指数、公平感知各维度对农牧民兼业型生计策略选择行为的影响，需要深入探究公平感知不同层面的维度对青海农牧民兼业行为的影响机理，具体见表 7-3。

从数据分析的结果可以发现，该模型的方程在拟合过程中趋于较理想的状态。另外，从逆米尔斯比率值中可以看出，在 5%的显著性水平上通过检验，这表明样本确实存在选择性偏误问题，需要通过 Heckman 两阶段的研究方法处理存在的偏误。

表 7-3　Heckman 两阶段模型的数据估计结果

变量		模型 1		模型 2	
		是否兼业	兼业程度	是否兼业	兼业程度
公平感知		−0.233***	−0.434*	—	—
		0.142	0.129	—	—
公平感知	分配公平	—	—	1.327***	−0.694*
				0.331	0.402
	程序公平	—	—	1.097***	−0.506
				0.320	0.389
	人际公平	—	—	1.654***	−0.810*
				0.334	0.429
	信息公平	—	—	0.689**	0.402
				0.337	0.373

续表

变量		模型 1		模型 2	
		是否兼业	兼业程度	是否兼业	兼业程度
控制变量	自然资本	0.125 0.157	−0.242* 0.134	0.151 0.161	−0.261** 0.128
	人力资本	−0.014** 0.006	−0.009* 0.005	−0.029*** 0.006	−0.002 0.006
	社会资本	0.149* 0.201	0.224 0.167	0.381* 0.214	−0.120 0.180
	物质资本	0.213 0.147	0.024 0.130	0.293* 0.163	0.106 0.129
	金融资本	0.516*** 0.132	−0.118 0.163	0.368*** 0.141	−0.027 0.149
	户主年龄	0.445*** 0.138	0.196* 0.119	0.467*** 0.141	0.116 0.114
	户主性别	−0.273*** 0.095	−0.001 0.080	−0.226** 0.096	0.086 0.077
	户主婚姻状况	0.082 0.057	−0.032 0.048	0.044 0.060	−0.004 0.047
识别变量	就业机会	−0.747*** 0.130	—	−0.726*** 0.133	—
	当地是否有成熟产业	0.409*** 0.138	—	0.434*** 0.138	—
	常数项	1.776** 0.707	2.604*** 0.526	1.013 0.787	2.204*** 0.662
	逆米尔斯比率	0.658** 0.319	—	0.717** 0.326	—

注：*、**、***分别表示通过显著性水平为10%、5%、1%的统计检验。

7.3.2.1 公平感知对兼业型生计选择行为的影响效应

表7-3中模型1显示，就农牧民是否选择兼业、兼业程度而言，农牧民公平感知总指数分别通过了1%和10%的显著性水平检验且系数均为正，从模型估计结果来看，公平感知总指数对农牧民参与兼业行为程度、做出兼业行为决策均具有显著的负向影响。这表明，农牧民的公平感知水平既可以显著提高其选择参与兼业行为的概率，也可以显著提升农牧民参与兼业行为的程度。一方面，拥有较高水平公平感知的农牧民更适应各类生计

的生活方式，其群体具有较好的接受新事物的心理准备，有较强的环境适应能力，能够在一定程度上积极参与农牧业与非农牧业的工作，即兼业型生计策略行为；另一方面，该类型的农牧民能够获取更多的信息，从而有效降低农牧民搬迁后因生计脆弱性带来的生活风险，这有利于提升农牧民参与兼业型生计行为的程度，帮助农牧民在搬迁后尽快实现可持续生计。该发现与许多研究成果的结论相类似。

表 7-3 中模型 2 的模型分析结果表明，分配公平对农牧民参与兼业型生计行为决策的影响系数通过了 1% 的显著性水平检验且系数为正，分配公平对农牧民兼业程度的影响系数通过了 10% 的显著性水平检验且系数为负，这说明分配公平更显著地正向影响农牧民参与兼业型生计行为决策，对于分配公平水平较高的农牧民来说，其家庭生活水平与经济状况都相对较好，更有可能选择兼业型生计策略。程序公平对农牧民参与兼业型生计行为决策的影响通过了 1% 的显著性水平检验且系数为正，而程序公平对农牧民兼业型生计行为程度的影响不显著。一般而言，拥有较高程序公平水平的农牧民会拥有更多的社会资源与信息渠道，同时具有较强的沟通交流与人际交往能力，这会进一步促使其参与兼业型生计行为决策，但并不影响兼业型生计行为的程度。人际公平对农牧民参与兼业型生计行为决策的影响系数通过了 1% 的显著性水平检验且系数为正，人际公平对农牧民兼业程度的影响系数通过了 10% 的显著性水平检验且系数为负，这说明人际公平更显著地正向影响农牧民参与兼业型生计行为决策。人际公平多建立于地缘、民族等关系的基础上，拥有较高的人际公平水平的农牧民，其视野也更加开阔，对各产业发展状况也会有更多的了解，能够较明确地认识到不同民族文化间融合的重要意义，较易接纳新观念，有利于参与兼业型生计行为的决策与兼业程度。信息公平对农牧民参与兼业型生计行为的决策通过了 5% 的显著性水平检验且系数为正，而信息公平对农牧民兼业程度的影响不显著。信息公平水平较高的农牧民，对不同类型生计方式的依赖性逐渐增强，更有可能从事兼业型生计行为，从而有助于其可持续生计的实现。

7.3.2.2 控制变量对兼业型生计选择行为的影响效应

表7-3中，模型1的估计结果显示，就农牧民是否兼业而言，受访农牧民的生计资本中人力资本、社会资本和金融资本分别通过了5%、10%与1%的显著性检验，系数分别是负、正、正，这说明兼业型生计策略选择行为依赖于农牧民的人力资本、社会资本和金融资本，且金融资本是选择兼业型生计策略非常重要的决定性因素；同时，受访农牧民户户主的年龄与性别均通过了1%的显著性检验。就农牧民兼业程度而言，受访农牧民的生计资本中自然资本和人力资本均通过了10%的显著性检验，且系数均为负，这说明农牧民的自然资本和人力资本对兼业型生计策略产生一定负向影响；同时，受访农牧民户户主的年龄通过了10%的显著性检验，说明年龄越大，越容易从事多种行业的生计策略，兼业型生计策略程度越深。

表7-3中模型2的估计结果显示，就农牧民是否兼业而言，受访农牧民的生计资本中除了自然资本外，人力资本、社会资本、物质资本和金融资本分别通过了1%、10%、10%与1%的显著性检验，系数分别是负、正、正、正，这说明在深入分析公平感知内部异质性后，兼业型生计策略选择行为依赖于农牧民的人力资本、社会资本、物质资本和金融资本，且人力资本与金融资本均是选择兼业型生计策略非常重要的决定性因素；同时，受访农牧民户户主的年龄与性别分别通过了1%和5%的显著性检验，进一步验证并说明年龄越大，越倾向于兼业型生计策略选择行为，男性比女性更容易做出兼业型生计策略的选择。就农牧民兼业程度而言，受访农牧民的生计资本中只有自然资本通过了5%的显著性检验，且系数为负，即受访农牧民自然资本越多，其选择兼业型生计策略的程度越低，这与实际调研情况相符；同时，受访农牧民户户主的年龄、性别和婚姻状况均未通过显著性检验。

7.3.2.3 识别变量对兼业型生计选择行为的影响效应

由表7-3中模型1和模型2的估计结果可知，识别变量均能在1%的显著性水平上通过检验，即选取的所有识别变量都是比较适合该部分研究选取的计量模型的。识别变量中的就业机会对青海农牧民是否选择兼业型生计起到显著的负向影响，而当地是否有成熟产业对青海农牧民是否选择兼业型生计起到显著的正向影响。这表明当地产业发展若能有一个良好的发展空间，为青海农牧民就业提供更多的平台与支柱，其在就业过程中尝试新行业领域的可能性就越大，也就越有可能选择兼业型生计行为。

7.3.3　青海农牧民公平感知对非农牧型生计选择行为的影响

本研究选取了二元 Logistic 模型，采用 Stata13.0 软件进行数据处理与分析。在该部分研究中，被解释变量是纯农牧型生计行为，模型的估计结果可见表 7-6。可以看出，模型 1 到模型 2 中的 Pseudo R^2 值呈递增趋势，即选取模型的整体拟合度是逐步提高的，模型的整体估计结果较为理想。

表 7-6　总样本模型的数据估计结果

变量		模型 1			模型 2		
		系数	标准误	p 值	系数	标准误	p 值
分配公平	就业公平	1.281*	0.172	0.065	1.223	0.172	0.151
	收入公平	0.846	0.175	0.420	0.879	0.212	0.593
	消费公平	0.881	0.137	0.415	0.872	0.149	0.422
	劳动保障公平	0.508***	0.083	0.000	0.471***	0.086	0.000
程序公平	制度方面	1.120	0.151	0.149	1.325**	0.190	0.049
	政策方面	1.045	0.034	0.180	1.042	0.040	0.275
人际公平	语言沟通	1.259	0.445	0.515	1.125	0.444	0.765
	价值理念	0.769*	0.113	0.074	0.750*	0.125	0.084
	身份认同	1.850***	0.391	0.004	1.920***	0.487	0.010
信息公平	信息渠道	1.040	0.187	0.828	1.007	0.216	0.973
	信息获取	0.870	0.169	0.476	0.600**	0.145	0.034
	信息有效性	0.660**	0.111	0.014	0.692**	0.130	0.050

续表

变量		模型 1			模型 2		
		系数	标准误	p 值	系数	标准误	p 值
控制变量	自然资本	—	—	—	1.015	0.148	0.917
	人力资本	—	—	—	0.701***	0.090	0.006
	社会资本	—	—	—	0.693**	0.101	0.012
	物质资本	—	—	—	1.034	0.199	0.863
	金融资本	—	—	—	0.943	0.151	0.714
	户主性别	—	—	—	1.355	0.498	0.409
	户主年龄	—	—	—	-0.969**	0.015	0.043
	户主婚姻状况	—	—	—	0.990	0.473	0.984
	当地成熟产业	—	—	—	0.847	0.136	0.300
	与所在州州府距离	—	—	—	-1.660**	0.341	0.014
常量		0.343	0.372	0.324	12.583	26.354	0.227
Log likelihood		-163.855			-141.571		
Prob>chi^2		0.000			0.000		
Pseudo R^2		0.107			0.228		

注：*、**、***分别表示通过显著性水平为10%、5%、1%的统计检验。

7.3.3.1 公平感知对非农牧型生计选择行为的影响效应

由表7-6可知，模型1中仅考虑公平感知对非农牧型生计策略选择行为的影响。模型估计结果显示，就分配公平而言，就业公平、劳动保障公平两个变量分别通过了10%和1%的显著性检验，且系数均为正，表明分配公平对非农牧型生计策略选择行为有显著影响，其中就业公平与劳动保障公平对非农牧型生计策略选择行为的影响尤为显著；而模型2中加入了控制变量后，分配公平中的劳动保障公平变量通过了1%的显著性检验且系数为正，这说明分配公平中的劳动保障公平对农牧民选择非农牧型生计策略起到至关重要的作用，劳动保障公平越全面，越能为农牧民生计转型提供有力的动力与保障，进而实现农牧民的非农牧型生计选择。就程序公平而言，模型1中制度方面的公平与政策方面的公平两个变量均没有通过显著性检验；而模型2中加入了控制变量后，制度方面的公平变量通过了

5%的显著性检验，且系数为正，说明制度方面的公平对非农牧型生计策略选择行为的影响尤为显著。这说明在考虑各项控制变量的情况下，制度方面的公平是农牧民选择非农牧型生计策略至关重要的因素，这与实际调研相符。农牧民在各类制度中体会的公平感越多，越愿意接受以不同生计方式生活的节奏与氛围，这在一定程度上促进了农牧民在城镇重新选择生计方式。就人际公平而言，模型1的人际公平中价值理念与身份认同两个变量分别在10%与1%的显著性水平上通过检验，系数均为正，表明人际公平中的价值理念与身份认同对非农牧型生计策略选择行为具有显著影响，其中身份认同变量的影响尤为显著；模型2中加入了控制变量后，人际公平中价值理念变量与身份认同变量仍然分别通过了10%和1%的显著性检验，且系数均为正，其中身份认同变量的影响仍然最显著，即人际公平中价值理念与身份认同对农牧民选择非农牧型生计策略起到至关重要的作用，农牧民的身份认同越接近其他居民，越能够接受价值观，对其在城镇生活从事非农牧型生计策略有明显的促进作用。就信息公平而言，模型1中只有信息有效性变量通过了5%的显著性检验，表明农牧民获得的信息越准确、越有效，对非农牧型生计策略选择行为的影响越显著；模型2中加入了控制变量后，信息公平中信息获取变量与信息有效性变量均通过了5%的显著性检验，表明信息获取与信息有效性对非农牧型生计策略选择行为都具有显著影响。在考虑各项控制变量的情况下，信息公平中信息获取与信息有效性都是农牧民选择非农牧型生计策略的重要影响因素。农牧民在生活中，与城镇居民获得的信息越接近，对信息公平各方面越满意，越容易选择不同生计方式，并逐步发生变化，会更容易选择适合自己生活的非农牧型生计策略。

7.3.3.2　控制变量对非农牧业生计选择行为的影响效应

由表7-6可知，模型2的估计结果显示，生计资本中人力资本和社会资本分别通过了1%与5%的显著性检验，且系数均为正，表明对非农牧型生计策略的选择影响最显著的是农牧民的人力资本与社会资本，这说明非农牧型生计策略很依赖人力资本的积累，同时离不开农牧民的社会资本等因素。此外，农牧民户户主的年龄通过了5%的显著性检验，且系数为负，说明农牧民选择非农牧型生计策略行为与年龄有关，农牧民年龄越大，越不容易掌握新的技术，越倾向继续以往的纯农牧型生计；反之，对于较年轻的农牧民而言，更容易选择非农牧型生计策略。另外，调研地与所在州州府距离也通过了5%的显著性检验，且系数为负，说明调研地与州府距离在一定程度上与经济社会发展有关系，经济社会发展越快，农牧民越容易选择非农牧型生计策略。

7.4 本章小结

本章从理论与实证两个层面将生计策略选择行为划分为不同类型，即纯农牧型生计策略选择行为、兼业型生计策略选择行为、非农牧型生计策略选择行为，以此探究公平感知对三类生计策略选择行为的影响效应，主要研究结论如下。

（1）农牧民公平感知对纯农牧型生计策略选择行为的影响存在差异性。分配公平中就业公平对纯农牧型生计策略选择行为的影响更加显著。程序公平中政策方面的公平对纯农牧型生计策略选择行为的影响尤为显著。人际公平与信息公平对纯农牧型生计策略选择行为均没有显著影响。控制变量中对纯农牧型生计策略选择行为的影响最显著的是自然资本、社会资本和物质资本。此外，除了农牧民户户主的性别与农牧民选择纯农牧型生计策略行为有关外，年龄也对其产生影响。

（2）农牧民公平感知对兼业型生计策略选择行为的影响存在差异性。分析发现，公平感知总指数对农牧民参与兼业行为决策、兼业行为程度均具有显著的负向影响。同时，进一步解析公平感知异质性对农牧民兼业型生计行为的作用机制，其中分配公平和人际公平对农牧民参与兼业型生计行为决策具有显著的正向影响，对农牧民参与兼业行为程度是有显著的负向影响；程序公平与信息公平对农牧民参与兼业型生计行为的决策有显著的正向影响，对农牧民兼业程度的影响不显著。

（3）农牧民公平感知对非农牧型生计策略选择行为的影响存在差异性。分配公平中的劳动保障公平变量对非农牧型生计策略选择行为具有显著的影响；程序公平中制度方面的公平对非农牧型生计策略选择行为的影响显著；人际公平中价值理念变量与身份认同变量均显著影响非农牧型生计策略选择行为，其中身份认同变量的影响最显著；信息公平中信息获取与信息有效性对非农牧型生计策略选择行为都具有显著影响。控制变量中对非农牧型生计策略选择影响最显著的是农牧民的人力资本与社会资本。此外，农牧民户户主的年龄也会对农牧民选择非农牧型生计策略行为产生影响。

第8章

公平感知对青海农牧民增收效果的影响

8.1 问题的提出

青海农牧地区是我国四大藏区之一，青海省有多个藏族自治州，分别是海北州、黄南州、海南州、果洛州、玉树州和海西州。青海省以典型农牧业产业为主，其生态系统的结构和功能严重失调，经济发展落后，贫困加剧，经济社会与资源环境系统之间的矛盾日趋严重。在国家推动生态立省与乡村振兴战略等大背景下，减贫脱贫相关政策实际上就是在解决贫困的同时使社会经济与自然环境协调发展，进而使农牧民家庭收入增加，实现脱贫致富这一远大而宏伟的目标。而农村劳动力能够顺利定居在城镇不仅是推动新型城镇化的关键步骤，更是边疆民族地区和谐持续发展的重要基石。同时，生计活动对农村的可持续发展与消除贫困起着十分重要的作用（任国强等，2013），因为各类生计带来的收入不仅能提升农户总体收入水平，而且能通过收入多元化降低农业收入的风险（Barrett et al.，2001）。但长期以来，西部地区经济发展普遍落后于东南沿海区域，导致产生较大的资源配置与区域经济增长差异（唐松，2014），加之作为典型农牧区的青海受到地域与生态等多重因素限制，进一步加剧了该地区经济滞后与农牧户贫困，导致收入差距加大，贫富差距日益扩大。因此，不同生计活动选择是在确保家庭收益最大，降低可控风险的基础上，为应对外界环境变化与适应经济社会发展做出的一种理性的家庭资源优化配置选择（翁贞林等，2017），推动农牧民生计转型成为缓解农村牧区贫困的必然选择。那么，全面分析、科学回答农牧民公平感知如何影响其家庭增收效应；在感受到公平的同时，农牧民的不同生计选择如何影响其家庭增收效应等问题，不仅可以拓展学术界对农牧民公平感知与生计策略效果的研究，还可以为政府制定相应政策提供有力依据。因此，农牧民公平感知是其生计选择的基础，是实现农牧地区经济社会稳定发展、农牧民脱贫增收的关键渠道之一。

近年来，国外学者针对农户生计及心理研究主要从发展中国家劳动力转移、家庭生计、个体内在心理差异等角度进行，认为大多数情况下劳动力内在心理状态会使其行为决策受到影响，由此能够拓宽收入渠道并获得公共服务，使家庭生计得到更多的发展机会（Wilmsen et al.，2015；Neef et al.，2015）。在我国，在行为经济学比较流行的今天，学者逐渐关注内在心理因素对行为的影响。牛静坤等（2016）在借鉴国外学者研究成果的同时，研究公平感对农民工行为的作用，认为农民工的内在会对其集群行为产生相应的催化作用，从而引发集群行为。有学者发现可以通过外在政策、制度或规则等方面的干预，确保社会个体最大限度地获得平等的意识，由此影响个体行为的发生（夏春玉等，2015；高启杰等，2016；何学欢等，2018）。与此同时，农村经济增长及农户家庭生计行为越来越受到学者的关注（邓道才等，2015；宝音都仍等，2015）。上述研究在一定程度上揭示了农民生计行为的内在机理，以及影响农民兼业的各类因素。李庆等（2013）认为农户生计行为对家庭福利有显著影响，农民对农业生产人力投入的降低主要归因于其自身的生计，农民或家庭往往会优化各个生产要素，从而实现整个家庭的收入最大化。但也有学者认为，生计策略效果未必通过家庭福利反映（葛珺沂等，2010；游和远等，2013；王伟等，2013）。在生态脆弱的边疆少数民族区域，以单一牧业为主的生计方式对农牧户的影响更加深远（句芳等，2015）。因此，如何评价农牧民生计策略效果成为学术界较关心的话题。

综上所述，关于农牧民公平感知对生计策略影响的研究还有待深化。一是对于农牧民公平感知内在机制的重视程度不够。学术界已有的研究成果中，关于公平感知影响因素的研究较少深入剖析个体内在感知的影响因素。实质上，农牧民公平感知是一个动态的内在多级化过程，前后经历了是否感受到公平和公平的程度两个不同阶段，将其界定为“感受公平”与

“公平程度”两个变量来代表两个不同的阶段，无法全面有效地反映农牧民的公平感知。二是对于公平感知的结果研究尚显薄弱。多数学者以公平感知作为结果变量来研究，只有少数学者考虑了公平的结果，尽管运用了简单回归分析估计公平与收入的影响效应，却忽视了公平感知和收入可能存在的内生性问题。基于此，本章从公平感知层面对农牧民生计策略的影响因素进行分析，并对其影响因素运用 Heckman 与内生转换模型进行实证，挖掘公平感知两个阶段影响农牧民家庭收入的内在机制，同时对比不同类型生计策略产生的差异，为引导农牧民公平感知与生计策略选择效果提供理论依据。

8.2　理论基础与研究假设

8.2.1　理论基础与分析

根据理性行为理论，可以预测多个领域的行为与行为意向，劳动力作为理性行为主体，会趋向于用最小代价获得最大利益这样的最优策略来决策自己的行为（刘旭凡等，2013），农牧民的可持续生计可视为在追求利益最大化情况下的决策与行为。农牧民生计是一个随机的过程，只有当其选择的生计方式产生的预期净收益大于当前收益时，才有助于农牧民家庭收入的提高。农牧民的当前收益和城镇生活的成本都是相对稳定的变量，而农牧民选择生计方式的预期收益则具有一定的风险，因为预期收益受农牧民的内在因素、家庭因素与周边环境的外部因素影响，从而存在不稳定性。同时，根据公平理论，公平最早来自内在心理感知层面，隶属心理学研究领域，后发展到经济学领域。但无论是哪种学科对公平的研究，都是一个复杂的体系，可见公平感知是一个渐进的、动态的过程。虽然可以将农牧民公平感知对家庭收入的影响视为一个包含“影响因素—公平状况—公平后果”的逻辑链条，但是农牧民公平感知产生的相应经济后果却不容忽视。据此，农牧民内在公平感知是由其前因与后果构成的完整研究逻辑，即公平感知对农牧民家庭收入的影响取决于农牧民的公平感知决定，而公平感知决定的基础便是个体、家庭、环境等存在的差异。相应地，农牧民公平感知程度也会因此不同，从而导致其家庭收入产生较大差异。

根据可持续生计理论，Chamber 等（1992）对生计的定义是建立在能力、资产和活动基础之上的谋生方式，生计策略则是人们为达到生计目标进行的活动和做出选择的范围及其组合。根据可持续生计理论，劳动力拥有的生计资本数量与质量直接关系其增收，资本禀赋直接影响农牧户的生计行为（谢先雄等，2018），对农牧户的收入有着显著影响（夏玉莲等，2018）。按照该理论，农户增收渠道来源于资本的积累，当劳动力拥有的生计资本越多时，越容易得到更多的就业机会（黄志刚等，2018）。因此，生计资本与收入的因果链条“生计资本—兼业生计方式—家庭收入”是符合理论基础和逻辑分析的。

综上所述，公平感知分为感受公平与公平程度两个阶段：感受公平是个体认知的第一个层面，公平程度是个体认知的第二个层面。家庭收入是个体认知产生的后果，采用横截面数据研究农牧民公平感知与家庭收入的研究思路是符合理论逻辑的。

8.2.2 研究假设

8.2.2.1 农牧民公平感知的影响因素

第一，农牧民个体异质性。①性别。男性与女性的忍耐力存在差异，一般而言，女性的忍耐力要高于男性，女性比男性更易感受到生活环境中的公平待遇。②年龄。年龄小的农牧民比年龄大的农牧民接受新事物的能力更强，更容易感受到公平（何军，2011），有学者发现年龄对农民工的公平感知具有积极影响（田艳平，2014）。③受教育程度。卢海阳（2016）认为，受教育程度较高的劳动力认识事物的能力在城镇生活中更有优势。④健康状况。身体的健康水平直接关系到劳动力的生活质量，从而影响其是否感受到公平或感受的程度。⑤参与技能培训。参与过藏毯编织、民族手工艺制作、唐卡绘画等各类技能培训的农牧民比没有此类培训经历的农牧民就业能力更强，更容易体会到公平感知，且更有利于提高其公平感知的程度（曾鹏等，2016）。⑥参与乡村社会活动。经常参与乡村或社区各类帮扶、民族文化等活动的农牧民，其性格活泼、人际交往能力更强，更易接受城镇的生活方式并感受到各类平等待遇。基于此，提出以下假设。

假设 1：个体异质性显著影响农牧民是否感知到公平和公平程度。

第二，农牧民家庭异质性。①家庭劳动力数量。农牧民家庭劳动力丰富，一方面可以提高家庭在新环境中的生计能力，另一方面可以合理配置资源，从而适应新的生计方式，农牧民公平感知的可能性更高。②家庭的亲朋好友数量。潘泽泉（2015）认为，因为亲朋好友属于家庭的社会资本，所以社会资本较多的农牧民更容易感受到生活中的公平感。③家庭农牧业机械等数量。罗明忠等（2013）认为，家庭的农牧业机械等数量越多说明农牧业经营规模越大，投入农牧业生产的需求越大，对农牧业的依赖程度越大，越倾向于游牧生活。④家庭借款难度。资金作为家庭维持基本生活或提升生活质量的重要前提，一方面处于贫困的家庭可以通过借款来解决暂时的生计困境；另一方面通过借款能够为希望自主经营进行创业的家庭解决筹资问题，有助于其感受到公平。基于此，提出以下假设。

假设 2：家庭异质性显著影响农牧民是否感知到公平和公平程度。

第三，地理区位异质性。地理区位异质性主要以地区虚拟变量进行考量。将距离省会西宁市的远近程度作为划分参照组的标准，以玉树州为参照，海西州、海南州、黄南州、果洛州等地离西宁市相对较近，这些地区对产业发展的要求相对更高，相应地，对各类新兴产业、高新科技、信息网络等方面更加关注，公平感知的程度更高（赵琴，2015；田明等，2014；郭庆等，2015）。基于此，提出以下假设。

假设 3：地理区位异质性显著影响农牧民公平感知与公平程度，即以玉树州为参照，海西州、海南州、黄南州、果洛州等地农牧民是否感知到公平和公平程度。

8.2.2.2 农牧民公平感知对家庭收入的影响

根据公平理论，个体的公平感知会引起个体的行为决策，从而产生经济行为结果。同时，农牧民公平感知的程度越高，越能在一定程度上增加就业机会，这样拓宽家庭增收渠道的可能性会更大，也更能促进农牧民收入水平的提升。基于此，提出以下假设。

假设4：农牧民在公平感知方面感受到的高公平程度对家庭收入有显著的正向影响。

8.2.2.3 农牧民生计行为对家庭收入的影响

计划行为理论能够预测由意向控制的个体行为（Sheppard et al.，1988），理论模型包括态度、主观规范、行为意向和行为四个主要成分。事实上，个体行为并非完全由自我意识控制，个人能力、机会、资源等外在条件也会对个体行为产生重要影响（Ajzen，1985）。此外，根据可持续生计理论，农牧民户拥有的生计资本越多，越会拓宽生计策略的渠道，增收的可能性越大。基于此，提出以下假设。

假设5：农牧民各类不同生计行为对家庭收入存在影响差异。

8.3 变量设置

选取农牧民家庭目前的收入作为生计策略的结果变量，同时选取青海农牧民目前的家庭收入作为其内在公平感知的结果变量，主要通过“目前您家庭的收入是多少”来测度，且农牧民家庭收入是连续变量。另外，选取个体、家庭、地理区位异质性相关变量作为解释变量；识别变量是指对第一个阶段的因变量起到了直接的影响，而对第二阶段的因变量并没有起到直接的影响的变量，在此选择的识别变量是青海农牧民居住地与所在州州府的地理路程、当地有没有较为理想的产业。该部分主要变量的定义与赋值见表8-1。

表 8-1　主要变量的定义与赋值

变量		赋值
个人异质性	受访者性别	女=0，男=1
	受访者年龄	农牧户实际年龄/岁
	受访者受教育水平	初识或不识字=1，小学=2，初中=3，高中或职校=4，大专及以上=5
	受访者健康状况	残疾=1，重大疾病=2，患有慢性病=3，偶有小病=4，健康=5
	参与技能培训	未参与=0，参与=1
	参与乡村社会活动	不参与=1，较少=2，一般=3，较多=4，经常参与=5
家庭异质性	家庭借款难度	非常难=1，较难=2，一般=3，较易=4，非常容易=5
	家庭的亲朋好友数量	1 人及以下=1，2 人=2，3 人=3，4 人=4，5 人及以上=5
	农牧业机械等数量	1 种=1，2 种=2，3 种=3，4 种=4，5 种及以上=5
	家庭劳动力数量	1~10 人=1，11~20 人=2，21~30 人=3，31~40 人=4，41 人及以上=5
地理区位异质性	玉树州	否=0，是=1
	海南州	否=0，是=1
	海西州	否=0，是=1
	黄南州	否=0，是=1
	果洛州	否=0，是=1
识别变量	与所在州州府距离	50 千米以内=1，50~100 千米=2，100 千米及以上=3
	当地成熟产业	没有=1，较少=2，一般=3，较多=4，很多=5

8.4 青海农牧民公平感知对生计策略选择效果的影响研究

8.4.1 青海农牧民公平感知的增收效应

8.4.1.1 主成分分析

测量的指标项在问卷中均以主观态度为主的问题进行调查，以农牧民自身对每道题的不同感知，按照李克特五级量表的标准逐一打分，然后对得出的分数进行相关处理。

该部分采用 SPSS 22.0 软件对原始数据进行了标准化处理。首先，计算出 KMO 值为 0.701，且 Bartlett 的球形度检验的 p 值小于 0.05，表明收集到的样本数据适合做因子分析；其次，对因子进行旋转后采用最大方差法，用主成分分析法提取特征根大于 1 的公因子，发现累计贡献率为 67.37%；最后，权重是以公因子的方差率为标准，对公平感知的各个维度的因子进行加权求和得到的，这样就能计算出每个调查样本的公平感知指数。

8.4.1.2 农牧民是否感知到公平与公平程度分析

运用 Stata 13.0 软件运行 Heckman 两阶段模型，同时估计农牧民是否感知到公平与公平程度，详细的数据分析结果可以在模型估计结果中体现，见表 8-2。

表 8-2 Heckman 两阶段模型的数据估计结果

变量		是否感知到公平		公平程度	
		系数	标准差	系数	标准差
个体异质性	受访者性别	0.435**	0.202	−0.116**	0.050
	受访者年龄	0.002***	0.001	0.000*	0.000
	年龄平方值	−0.183***	0.052	−0.015	0.011
	受访者受教育程度	0.777**	0.392	−0.062	0.069
	受访者健康状况	0.384	0.277	−0.021	0.075
	参与技能培训	0.149**	0.081	−0.016	0.019
	参与乡村社会活动	1.101***	0.270	−0.049	0.073
家庭异质性	家庭借款难度	−0.744**	0.365	−0.551***	0.089
	家庭的亲朋好友数量	−1.189***	0.431	−0.574***	0.128
	农牧业机械等数量	−1.141***	0.152	−0.302***	0.056
	家庭劳动力数量	−0.133*	0.081	0.028	0.021
地理区域异质性	海南州	0.137*	0.110	0.110	0.025
	海西州	0.213**	0.121	0.052**	0.025
	黄南州	0.031*	0.106	−0.083	0.024
	果洛州	0.099*	0.100	0.099***	0.022
	常数项	5.935***	1.477	1.591***	0.317

续表

变量		是否感知到公平		公平程度	
		系数	标准差	系数	标准差
识别变量	与所在州州府距离	-0.309**	0.132	—	—
	当地成熟产业	0.440***	0.118	—	—
	逆米尔斯比率	0.399***	0.125	—	—

注：*、**、***分别表示通过显著性水平为10%、5%、1%的统计检验。

(1) 个体异质性。

由表8-2可知，就农牧民是否感知到公平而言，除了健康状况以外，受访农牧民的性别、年龄、受教育程度、参与技能培训和参与乡村社会活动对其是否感知到公平均有不同程度的显著影响。其中，受访者性别在5%的水平上显著正相关，说明男性更容易有公平感知；受访者年龄与是否感知到公平呈正相关，而年龄平方值与是否感知到公平呈负相关，表明年龄与是否感知到公平存在倒“U”形关系；受访者受教育程度、参与技能培训和参与乡村社会活动分别在5%、5%与1%的显著性水平上与是否感知到公平呈正相关关系，即文化程度高、掌握一些技能或愿意参加各类活动的农牧民，其适应各类生计方式的生活能力强，更倾向于感受生活中的公平待遇。就农牧民公平程度感知而言，受访农牧民的性别对公平程度感知有显著负向影响，表明女性在公平程度上的感受比男性更高。

(2) 家庭异质性。

由表8-2可知，就农牧民是否感知到公平而言，受访农牧民家庭的亲朋好友数量在1%的水平上显著且呈负相关关系，亲朋好友数量越多，从事农牧业人口越多，则兼业程度较低，对是否感知到公平具有负向影响。就农牧民公平程度感知而言，农牧民家庭借款难度、家庭的亲朋好友数量、农牧业机械等数量对公平程度感知均有不同程度的显著影响。值得注意的是，家庭的亲朋好友数量与农牧业机械等数量对农牧民公平程度感知具有负向影响，这与前文假设及实际调研均相符，原因可能是家庭中亲朋好友较多或具有相对充足的农牧业机械等，往往大多自己拥有草场或土地，整个家庭更倾向于继续从事农牧业，这与生活中的高公平感是相对立的。

（3）地理区域异质性。

从地理区域角度分析，根据地理位置远近，将距离青海省会西宁市最远的玉树州作为参照组。由表 8-2 可知，不同地区农牧民是否感知到公平与公平程度均表现出不同。研究发现，相对于玉树州，黄南州、海南州、果洛州和海西州等地区的农牧民更加倾向于公平平等的生活，说明他们更容易感受到公平，其中最突出的是海西州，在 5%的显著性水平上与是否感知到公平呈正相关关系。另外，农牧民公平程度感知也存在不同程度的差异，相对于玉树州，海西州和果洛州的公平程度较强。究其原因，一是海西州在柴达木盆地打造循环产业集群，在绿色发展方面走在前列，这给农牧民感受生活中的平等待遇带来了信心，起着决定性作用；二是果洛州农牧民对农牧业的依赖度较高，而果洛州以农牧业为主，在一定程度上保障了感受公平的程度。

（4）识别变量。

由表 8-2 可知，与所在州州府的距离与当地成熟产业两个识别变量分别在 5%和 1%的显著性水平上通过检验，这说明该模型的所有识别变量比较适合于当前选择的模型，识别变量选择是有效的。与所在州州府的距离和当地成熟产业两个变量均对农牧民是否感知到公平有显著影响。农牧民离所在州州府距离越近，越会带来各种生活方面的便利，越容易感受到公平；农牧民居住地拥有的产业越是发展得成熟，农牧民在当地就业的平台就越多，就业机会自然就越多，青海农牧民在选择生计方式时也会考虑不同的行业或者尝试新兴行业，越容易感受到公平的待遇。

（5）边际效应。

根据上述分析模型，进一步探究农牧民是否感知到公平与公平程度两个变量的边际效应，见表 8-3。

表8-3　模型的边际效应数据估计结果

变量	是否感知到公平		公平程度	
	系数	标准误	系数	标准误
受访者性别	0.111**	0.049	-0.094**	0.043
受访者年龄	-0.005***	0.002	0.006***	0.002
受访者受教育水平	0.125*	0.081	-0.086	0.067
受访者健康状况	0.052	0.020	0.007	0.016
参与技能培训	0.149***	0.035	0.165***	0.032
参与乡村社会活动	-0.011	0.020	0.038*	0.020
家庭的亲朋好友数量	0.110	0.077	-0.069	0.071
家庭借款难度	-0.108*	0.064	-0.113**	0.060
农牧业机械等数量	-0.116*	0.089	-0.464***	0.079
家庭劳动力数量	-0.108*	0.104	-0.317***	0.108
其余变量	略	略	略	略

注：①*、**、***分别表示通过显著性水平为10%、5%、1%的统计检验。②为了减少烦冗，在此省略了其他变量的估计结果。

由表8-3可知，个人异质性中受访者年龄、性别、受教育水平及参与技能培训每提高1个单位，农牧民感知到公平的概率分别降低0.5%与提高11.1%、12.5%、14.9%；相应地，随着农牧民性别、年龄及参与技能培训每提高1个单位，农牧民感知的公平程度会分别降低9.4%与提高0.6%、16.5%。与此同时，家庭异质性中家庭借款难度、农牧业机械等数量和家庭劳动力数量每提高1个单位，农牧民感知到公平的概率分别降低10.8%、11.6%和10.8%，而家庭借款难度、农牧业机械数量和家庭劳动力数量每提高1个单位，农牧民感知的公平程度分别降低11.3%、46.4%和31.7%。

8.4.1.3　高公平感对农牧民家庭收入的影响

运用内生转换回归模型估计高公平感对农牧民家庭收入的影响，模型估计结果见表8-4。其中，参数$\rho_{\mu0}$和$\rho_{\mu1}$分别在5%与1%的水平上通过显著性检验且值不等于零，这表明存在由不可观测变量产生选择性偏误问题，需要采用内生转换模型进行调整与纠正，否则会存在有偏估计系数。

模型回归结果显示，$\rho_{\mu0}<0$ 说明存在负向选择性偏误；与之相反，$\rho_{\mu1}>0$ 说明存在正向选择性偏误，这表明农牧民公平感越高，家庭收入水平越高。这与实际调研相符，家庭收入较高的农牧民，是因为收入渠道宽，生计能力较强。接下来进一步考虑高融入度的 *ATT*，表示高公平感对农牧民家庭收入的平均处理效应，通过内生转换模型消除选择性偏误后，发现 *ATT* 为 2.04，且在1%的水平上显著，说明在克服自选择的内生性问题后，高公平感有助于农牧民家庭收入提高 25.14%，见表 8-5。

表 8-4　农牧民的高公平感对家庭收入的影响

变量		高公平感模型		家庭收入			
				低公平感		高公平感	
		系数	标准差	系数	标准差	系数	标准差
个体异质性	受访者性别	-0.193	0.175	-0.208*	0.142	0.219*	0.123
	受访者年龄	0.029	0.032	-0.017	0.030	0.005	0.022
	年龄平方值	-0.000	0.000	0.000	0.000	-0.000	0.000
	受访者健康水平	-0.278	0.234	0.106	0.173	0.019	0.185
	受访者受教育水平	-0.058	0.172	-0.157	0.131	-0.056	0.121
	参与技能培训	-0.623***	0.138	-0.413**	0.177	-0.054	0.090
	参与乡村社会活动	0.208***	0.080	0.160***	0.064	-0.095**	0.048
家庭异质性	家庭借款难度	—	0.241	-0.646**	0.270	-0.062	0.144
	家庭的亲朋好友数	—	0.274	-0.305	0.287	0.081	0.173
	农牧业机械等数量	—	0.337	0.102	0.320	0.890***	0.273
	家庭劳动力数	—	0.430	0.112	0.338	0.549	0.397
地理区位异质性	海南州	-0.074	0.122	-0.065	0.103	-0.024	0.078
	海西州	0.190*	0.112	-0.063	0.095	-0.120*	0.069
	黄南州	-0.431***	0.084	0.070	0.084	0.218***	0.057
	果洛州	0.328***	0.075	-0.082	0.068	-0.116*	0.049
	常数项	0.109**	0.052	9.006***	0.997	8.535***	0.649
工具变量	搬迁后城镇居住时间	0.782	0.943	—	—	—	—
	$\rho_{\mu0}$（和 $\rho_{\mu1}$）	—	—	0.738**	0.085	0.838***	0.052
	LR test ofindep. eqns.	10.93***	—	—	—	—	—
	Log likelihood	-553.733	—	—	—	—	—

注：*、**、***分别表示通过显著性水平为10%、5%、1%的统计检验。

表 8-5　农牧民的高公平感对家庭收入影响的平均处理效应

变量	均值		ATT	标准差	变化率/%
	高公平感	低公平感			
家庭收入	8.01	7.76	2.04	0.12***	25.14

注：***表示通过显著性水平为 1%的统计检验。

8.4.2　不同类型生计策略选择效果的评价

8.4.2.1　纯农牧型生计策略选择效果评价

运用内生转换回归模型估计纯农牧型生计策略对农牧民家庭收入的影响，模型估计结果由于篇幅原因进行适当删减，其中参数 $\rho_{\mu 0}$ 和 $\rho_{\mu 1}$ 分别通过了显著性检验且值不等于零，这表明存在由不可观测变量产生的选择性偏误问题，需要采用内生转换模型进行调整与纠正，否则会存在有偏估计系数。接下来进一步考虑纯农牧型生计策略的 *ATT*，表 8-6 中 *ATT* 为 2.13，且在 5%的水平上显著，说明在克服自选择的内生性问题后，纯农牧型生计策略有助于农牧民家庭收入提高 19.39%。

表 8-6　纯农牧型生计策略对家庭收入影响的平均处理效应

变量	均值		ATT	标准差	变化率/%
	纯农牧型生计	非农牧型生计			
家庭收入	6.97	6.01	2.13	0.22**	19.39

注：**表示通过显著性水平为 5%的统计检验。

8.4.2.2　兼业型生计策略选择效果评价

运用内生转换回归模型估计兼业型生计策略对农牧民家庭收入的影响，模型估计结果由于篇幅原因进行适当删减，其中参数 $\rho_{\mu 0}$ 和 $\rho_{\mu 1}$ 分别通过了显著性检验且值不等于零，这表明存在由不可观测变量产生的选择性偏误问题，需要采用内生转换模型进行调整与纠正，否则会存在有偏估计系数。接下来进一步考虑兼业型生计策略的 *ATT*，表 8-7 中 *ATT* 为 2.99，且在 1%的水平上显著，说明在克服自选择的内生性问题后，兼业型生计策略有助于农牧民家庭收入提高 27.56%。

表 8-7　兼业型生计策略对家庭收入影响的平均处理效应

变量	均值		ATT	标准差	变化率/%
	多元化兼业	单一性兼业			
家庭收入	8.16	7.88	2.99	0.31***	27.56

注：***表示通过显著性水平为1%的统计检验。

8.4.2.3　非农牧型生计策略选择效果评价

运用内生转换回归模型估计非农牧型生计策略对农牧民家庭收入的影响，模型估计结果由于篇幅原因进行适当删减，其中参数 $\rho_{\mu 0}$ 和 $\rho_{\mu 1}$ 分别通过了显著性检验且值不等于零，这表明存在由不可观测变量产生的选择性偏误问题，需要采用内生转换模型进行调整与纠正，否则会存在有偏估计系数。接下来进一步考虑非农牧型生计策略的 *ATT*，表 8-8 中 *ATT* 为 2.55，且在5%的水平上显著，说明在克服自选择的内生性问题后，非农牧型生计策略有助于农牧民家庭收入提高 23.71%。

表 8-8　非农牧型生计策略对家庭收入影响的平均处理效应

变量	均值		ATT	标准差	变化率/%
	非农牧型生计	其他生计			
家庭收入	7.84	7.69	2.55	0.22**	23.71

注：**表示通过显著性水平为5%的统计检验。

第9章

研究结论与政策建议

本书基于公平感知视角，重点探讨公平感知及其各维度对农牧民生计策略选择的影响效应。第3章对青海农牧民内在公平感知进行测度，再结合群体差异分别对公平感知四个维度的不同特征进行描述性统计分析；第5章、第6章、第7章、第8章分别按照“生计转型→生计策略选择意愿→生计策略选择行为→生计策略选择效果”逐步展开研究，从理论和实证两个方面分析了农牧民公平感知对生计策略选择的影响机理与作用路径。结合前文各章的研究结论，本章进一步总结和凝练了本书的研究结论，并据此提出有针对性的政策建议。

9.1 研究结论

本研究选取青海461位农牧民实地调研与数据资料，在测度农牧民公平感知及其各维度的同时，采用多种计量经济模型与研究方法实证分析了农牧民公平感知对生计转型、生计策略选择意愿、生计策略选择行为、生计策略选择效果4个层面的影响效应，据此提出提升农牧民公平感知、促进多元化生计策略的政策建议。本书的主要结论如下。

9.1.1 农牧民公平感知及其各维度的特征

(1) 针对农牧民公平感知及其各维度不同特征的研究发现，农牧民公平感知变量可以从分配公平、程序公平、人际公平、信息公平4个维度进行详细测度，其中分配公平包括就业公平、收入公平、消费公平与劳动保障公平4个指标，程序公平包括制度方面的公平和政策方面的公平2个指标，人际公平包括语言沟通、价值理念、身份认同3个指标，信息公平包括信息渠道、信息获取、信息有效性 3 个指标。同时，受访的青海农牧民内在公平感知的水平属于一般，4 个公平维度的测量值分别是 2.96、3.15、2.93、2.68，按照由高到低的顺序分别是程序公平>分配公平>人际公平>信息公平。

（2）不仅农牧民公平感知存在各维度的特征差异，不同群体的公平感知及其各维度的特征也存在一定的差异性，主要针对性别与代际两个方面进行分析。研究发现，新一代农牧民在各方面的公平感知状况普遍高于老一代农牧民，公平感知的各维度中尤其是新一代农牧民的信息公平感知高于老一代农牧民，而男性农牧民与女性农牧民的公平感知状况差别并不十分显著。

9.1.2 农牧民生计策略选择的特征

（1）本次调研获取了 461 份有效样本，其中就是否参与技能培训而言，农牧民家中有人参与技能培训的占总样本数的 82.7%；就家庭总人数而言，多数农牧民家中的总人数在 3~6 人；就是否有村干部而言，多数农牧户家中没有村干部；就是否接受政府等各类帮扶而言，农牧户家中接受过来自政府或其他组织各类帮扶的占总样本数的 82.5%；就家中从事的生计类型而言，目前从事纯农牧型生计的农牧户占总样本数的 26.9%，从事兼业型生计的农牧户占总样本数的 33.6%，从事非农牧型生计的农牧户占总样本数的 39.5%；就家庭劳动力数量而言，家中有 1 人或没有劳动力的农牧户占比最少，占总样本数的 10.6%。

（2）分析青海农牧民收入增加的现状，得出目前青海农牧民生计与增收存在的问题，主要表现在内外部多重因素的作用造成了农牧民收入增长的动力不足、产业集群的不完善大大降低了农牧民生计选择的自主创新能力、生产生活方式的剧变使青海农牧民公平感并不高、青海农牧民内在公平感成为其树立可持续生计意识的关键要素 4 个方面。

9.1.3 公平感知对农牧民生计转型的影响

本书结合实际调研数据，分析发现青海农牧民的生计资本与公平感知对其生计转型的意愿具有一定影响，并归纳了青海两代农牧民生计转型意愿的异同点。分析结果表明，家庭资产对老一代农牧民生计转型意愿的影响显著，而年龄及宗教信仰对新一代农牧民生计转型意愿的影响显著。生计资本对青海两代农牧民生计转型意愿的影响显著，当老一代农牧民拥有社会资本和物质资本时，均对生计转型意愿有显著的影响，而新一代农牧民在不同类型的资本状况下，均对生计转型意愿的影响显著，说明新一代农牧民比老一代农牧民更倾向于生计转型。而公平感知在两代农牧民生计资本与生计转型意愿之间的调节作用均较显著，即农牧民都希望在生活中感受到公平正义，从而对今后生活充满信心。

9.1.4 公平感知对农牧民生计策略选择意愿的影响

（1）公平感知及其各维度对青海农牧民生计选择意愿的影响会存在一定的差异性。分配公平水平越高，青海农牧民选择纯农牧型生计策略的概率越大；程序公平水平越高，青海农牧民选择兼业型生计策略与非农牧型生计策略的概率越大；人际公平水平越高，青海农牧民选择兼业型生计策略的概率越大；信息公平水平对青海农牧民选择兼业型生计策略与非农牧型生计策略的影响不大。

（2）在控制变量中，生计资本、户主特征等变量对农牧民生计策略选择意愿有不同的显著影响。相对于纯农牧型生计策略而言，草场数量越多或草场质量越好，农牧民选择兼业型生计策略与非农牧型生计策略的概率越小；人力资本积累越多，农牧民选择纯农牧型生计策略的概率越大，其次是兼业型生计策略、非农牧型生计策略；就社会资本、物质资本与金融资本而言，三者有些类似，相对于纯农牧型生计策略而言，并未对选择兼业型生计策略与非农牧型生计策略起到显著作用，而在兼业型与非农牧型两种生计策略中，社会资本水平越高的农牧民越倾向选择兼业型生计策略，而物质资本与金融资本水平越高的农牧民越愿意选择非农牧型生计策略；农牧民户主的性别并未对青海农牧民生计策略选择的意愿起到显著的影响；而年龄的增长对青海农牧民生计策略选择的意愿具有一定的影响，年纪越大的农牧民选择非农牧型生计策略的概率越小；已婚农牧民选择非农牧型生计策略的概率最大，其次是兼业型生计策略。

（3）农牧民分配公平、程序公平、人际公平、信息公平四个维度分别对生计策略意愿存在内在作用机理。相对于纯农牧型生计策略而言，就业公平越强，青海农牧民选择兼业型生计策略的概率越小；收入公平越佳，青海农牧民选择兼业型生计策略与非农牧型生计策略的概率越大；制度方面公平度越高，青海农牧民选择兼业型生计策略的概率越大，其次是非农牧型生计策略；政策方面公平感越多，青海农牧民选择非农牧型生计策略概率越大，其次是兼业型生计策略。语言沟通中差异越小，青海农牧民选择兼业型生计策略的概率越大；价值理念越相似，青海农牧民选择兼业型生计策略和非农牧型生计策略的概率越大；青海农牧民与当地居民的身份认同越接近，他们选择非农牧型生计策略的概率越大；青海农牧民越享受公平的信息渠道，其选择兼业型生计策略的概率越大；青海农牧民的信息获取平等程度越接近当地居民，其选择兼业型生计策略与非农牧型生计策略的概率越大；青海农牧民在生活中获得的信息有效性越高，选择兼业型生计策略与非农牧型生计策略的概率越大。

9.1.5 公平感知对农牧民生计策略选择行为的影响

（1）农牧民公平感知对纯农牧型生计策略选择行为的影响存在差异性。分配公平中就业公平对纯农牧型生计策略选择行为的影响更加显著，程序公平中政策方面的公平变量对纯农牧型生计策略选择行为的影响尤为显著，人际公平与信息公平对纯农牧型生计策略选择行为均没有显著影响。控制变量中对纯农牧型生计策略选择行为的影响最显著的是自然资本、社会资本和物质资本。此外，农牧民选择纯农牧型生计策略行为不仅与性别有关，也与年龄有关。

（2）农牧民公平感知对兼业型生计策略选择行为的影响存在差异性。兼业型生计策略选择行为可分为参与兼业行为决策、兼业行为程度两个阶段，研究发现公平感知总指数对农牧民参与兼业行为程度、做出兼业行为决策均具有显著的负向影响。同时，进一步解析公平感知异质性对农牧民兼业型生计行为的作用机制，发现分配公平和人际公平对农牧民参与兼业型生计行为决策具有显著的正向影响，对农牧民参与兼业行为程度具有显著的负向影响；程序公平与信息公平对农牧民参与兼业型生计行为的决策有显著的正向影响，对农牧民兼业程度的影响不显著。

（3）农牧民公平感知对非农牧型生计策略选择行为的影响存在差异性。分配公平中的劳动保障公平变量对非农牧型生计策略选择行为具有显著的影响，程序公平中制度方面的公平对非农牧型生计策略选择行为的影响显著，人际公平中身份认同变量对非农牧型生计策略选择行为的影响最显著，信息公平中信息获取与信息有效性对非农牧型生计策略选择行为都具有显著影响。控制变量中对非农牧型生计策略选择行为影响最显著的是农牧民的人力资本与社会资本。此外，农牧民选择非农牧型生计策略行为与年龄有关，农牧民年纪越大越不容易掌握新技术，越倾向于继续以往的纯农牧型生计。

9.1.6　公平感知对农牧民增收效果的影响

（1）农牧民感受到公平的占多数，即 87.81%的农牧民公平感知较高，但 33.93%的农牧民在调研时仍未实现生活的高公平感，农牧民在生活中感受到的各类平等待遇与公平感尚有待进一步提升。

（2）对于农牧民是否感知公平存在显著的个体差异和地理区域差异，文化程度高、掌握一些技能或愿意参加各类活动的男性农牧民更易感受到公平，年龄与农牧民是否感知公平存在倒“U”形关系。

（3）家庭异质性是对农牧民公平感知程度影响最大的因素，地理区域因素次之，其中家庭借款难度、家庭的亲朋好友数量和农牧业机械等数量对农牧民公平感知程度有负向显著影响。

（4）农牧民的高公平感对提高其家庭收入具有显著影响，存在不可观测变量导致的选择性偏差问题，运用内生转换模型分析后，发现高公平感有助于农牧民家庭收入提高 25.14%。

（5）进一步探究与比较不同生计策略选择效果，农牧民在选择生计策略的过程中，纯农牧型生计策略、兼业型生计策略、非农牧型生计策略三种生计策略对农牧民家庭收入的影响存在一定的差异性。具体而言，兼业型生计策略在农牧民生计策略选择效果中具有最显著的作用，而纯农牧型生计策略与非农牧型生计策略在农牧民生计策略选择效果中略显薄弱。

9.2 政策建议

9.2.1 注重农牧民群体差异，创造促使农牧民公平感知的有利条件

农牧民对公平的感知是一个逐渐的、不断过渡的过程，受多方面因素的影响。农牧民的公平感知在其日常生活中从感受到不平等待遇到感受到平等待遇的过程中扮演着重要角色，而农牧民高水平公平感直接决定着牧区新型城镇化的实现及农牧民生活质量的提升，因此公平感知成为农牧民在生产生活方式选择过程中实现可持续生计的关键环节。

（1）营造适合农牧民感受公平的客观条件，有效提高农牧民公平感知。首先，政府应在农牧民子女上学、看病医疗、就业服务等福利保障方面出台公共服务政策，可以从提升个人及家庭整体福利角度着手，降低农牧民城镇生活的成本，减轻农牧民新环境的生计压力，在各州政府层面进一步加快推进农牧民选择新生计方式的各种措施，如开展各类技能培训和继续全面推进正规教育与非正规教育相结合的方式，提升农牧民人力资本，有效整合各类教育资源，广泛开展玛尼石雕刻、藏毯编织等就业技能

培训，心理健康教育，文明市民教育等适应型的教育服务，进而提升农牧民感受公平的信心。其次，针对农牧民在城镇日常生活方面的服务诉求和文化需求，通过开展多样化的帮扶、民族及宗教文化等活动，帮助农牧民进一步树立城镇居民意识，使其感受到真正意义上的平等待遇。在相对落后的少数民族生态脆弱区，政府更应充分发挥农牧民与社会组织的协同作用，定期组织开展民族文艺演出、藏族传统体育项目、互帮互助活动等，鼓励农牧民积极参与其中，增强农牧民与城镇其他居民的信任感，同时设计并完善人际交往互动机制和各类社会组织帮扶机制，注重农牧民公平感程度的影响，不断深化农牧民在生活中的公平感程度。以家庭为单位制定针对农牧民的交往互动机制，充分结合和发挥正式组织与非正式组织的融入功能，如可以有针对性地出台贫困救助基金或创业基金等，有效缓解处于贫困状态的农牧民家庭或帮助有创业意愿的农牧民家庭拓展增收渠道，通过不同的平台吸纳农牧民参与交流互助，以此营造和谐的公共生活氛围，缩短农牧民人际交往中的心理距离，进而提高农牧民在今后生活各方面感受公平和平等的积极性。因此，要注重给予农牧民物质补偿与精神安抚，在加大农牧民各类补偿与社会救助等方面力度的同时，强化农牧民城镇生活的主人翁意识，引导农牧民通过关注时事新闻了解政治、社会、经济等方面动态，尊重农牧民宗教信仰，努力实现多民族文化认同与融合，进而提升对农牧民的开放度和包容性。

（2）关注青海农牧民内在感知的个体差异，协调不同群体农牧民的公平感与满意度。一方面，新一代农牧民的信息公平水平高于老一代农牧民，这体现了新一代农牧民在城镇日常生活中对信息的心理敏感度比老一代农牧民更高，所以要克服老一代农牧民在信息获取、收集等过程中遇到的困难，避免老一代农牧民处于孤立无助的境地，通过关注老一代农牧民的信息公平感，促进与强化老一代农牧民的心理适应性，从而达到与新一代农牧民公平感知程度的同步增长；另一方面，在各类政策制定与实施过程中不仅要关注农牧民群体的共性，还要兼顾不同群体的差异性，如民族宗教差异方面在人际公平中的重要作用。特别是在完善各类宗教团体、社区宗教服务，宣讲民族地区风俗习惯，强化农牧民的民族互助活动中，加强民族间的沟通和交流，减少农牧民在生活中产生对传统农牧业的依恋感和怀旧感以及宗教信仰带来的歧视与敌对，以逐步降低农牧民与其他城镇居民差异性。另外，无论是针对男性农牧民还是女性农牧民，都需要在农牧民工程管理与服务政策中，加强相关政策与措施的落实，做到有序、有效服务，减少新一代农牧民和老一代农牧民的消极情绪，提升农牧民的信息公平与人际公平。这不仅有利于缩小新一代农牧民和老一代农牧民的公平差异，还有利于农牧民生活的和谐、稳定与发展。

9.2.2 培育特色优势产业，鼓励农牧民技能培训促进生计多元化

根据青海农牧民生计现状，加快发展青海农牧民生计多样化已成为解决贫困与实现农牧民可持续生计的关键。因此，为了青海农牧民长期稳定地生活在城镇，需要提供多方面的保障扶持措施，他们才能根据自身条件做出最好的生计策略选择，实现青海农牧民的生计策略多样化。

一方面，加快发展适应当地经济发展的特色产业。政府应对农牧民所住地区周边规划配套产业，重点培育畜牧产品加工、民族品加工、交通运输、生态旅游等本土产业，通过产业发展不仅提供多渠道就业平台，而且使传统畜牧业向现代生态畜牧业转化。同时可以优化配置当地的资源，大力发展生态观光农牧业、旅游农牧业等，逐步构建资源丰富、生态环保、特色鲜明、管理规范的高原特色旅游格局。另一方面，继续宣传和开展各类技能培训，鼓励社会团体对青海农牧民进行语言和职业培训等，同时，需要特别注重长期技能培训，并建立和完善招商引资等相关政策，发展青海的产业化服务水平，为农牧民提供更加有利的就业环境，真正实现农牧民生计可持续性。在调查期间发现，受访农牧民中选择外出打工的并不多，且受语言和受教育程度的影响，多数外出打工的农牧民会选择一些技术含量并不高的生计方式，如修路工人、饭店服务员、货车司机等。

9.2.3 配置优化各类资本禀赋，鼓励农牧民选择契合自身的生计选择意愿

（1）提升农牧民自身生计能力，增强其对不同生计策略选择的主观意识。首先，当地各级政府在制定政策的目标上应明确农牧民政策不仅是为了恢复与保护青海生态脆弱地区生态体系，更是为了提升和发展农牧民的生计能力，而增强其生计能力的核心在于提升农牧民选择生计策略的主观意识。其次，同样的农牧民政策针对同一地区的不同农牧民而言，由于个体生计能力不同等因素，在农牧民生活方面具有差异性，其影响可能有正面的也可能有负面的，因此农牧民相关补偿政策在实施过程中，应遵循在保证共性的同时区别对待不同农牧民家庭与农牧民个体，给农牧民提供更多的补偿方式选项。最后，农牧民生计能力应该注重可持续性，需要从不同的资本禀赋优化配置和生计能力建设着手，这实质上使农牧民具备多重选择的能力，有助于其在面临不同生计策略选择时有正确的主观判断。

（2）创造公平正义的良好氛围，为农牧民提供自主选择生计的客观机会与平台。一方面，农牧民从草原到城镇生活过程中，生计可持续问题的重要性逐渐凸显，政府相关职能部门需强化主体责任意识，结合本地实际，为确保各项农牧民补偿款与救助款分配到户，需建立健全农牧民融合发展体制机制和政策体系；为保证平等享受城镇居民各项社会福利待遇，需加强城镇基础设施和公共服务设施建设；为提升交往质量，需鼓励和挖掘农牧民的民族优势与自身能力，提高农牧民的公共资源供给水平，从实质上保证农牧民生活的良好环境。另一方面，对于青海而言，大多数农牧民属于少数民族，在这样的农牧地区需要保护具有民族特色的文化，通过为农牧民提供更多的社会活动平台加强各类文化的交融，建立有效的监管与保障体系，这是创造公平公正环境的客观条件。例如，继续开展与实施农牧民选择生计等相关重点工作，提高农牧民的参与程度，拓宽农牧民在城镇生活的受益范围，同时继续增加环境恶劣或不适宜居住地区农牧民的生计选择渠道，完善后续扶持政策，加快后续产业培育，确保农牧民能享

受与其他居民一样的工作、医疗、教育等待遇。

9.2.4 提升各类资本的转化能力，促进农牧民生计选择行为

优化配置农牧民生计资本，有效匹配农牧民资本禀赋与生计行为，同时提高资本转化的能力与效率。就不同的资本而言，能够实现有效的配置与优化提升，对于青海农牧民的生计选择是关键因素，也是青海区域经济提升的有效支撑。一是自然资本，能够促进农牧民选择纯农牧型生计策略。青海省“十三五”期间的17项生态保护和建设重大工程包括青海生态保护和建设工程二期、祁连山生态保护与建设综合治理、柴达木地区生态环境综合治理、河湟地区生态环境治理、环青海湖地区生态保护与环境综合治理、沙化封禁保护区建设、水土保持建设、自然保护区建设、天然林资源保护工程二期、“三北”防护林及长江流域防护林体系建设三期、退牧还草和退耕还林、青海国家公园和国家良好湖泊生态保护建设专项、湿地保护与建设、水生态保护与修复、饮用水水源地保护、重点区域人工增雨等项目，可见青海省将建设全国生态文明先行区与生态文明建设视为工作重点。因此，应优化青海农牧业各类资本，提升草场资源的利用效率，同时加强控制草场牲畜数量，确保草场的可持续发展。二是人力资本，能够同时促进农牧民选择纯农牧型生计策略与兼业型生计策略。积累农牧民的人力资本，“十年育树，百年育人”，这是一项长期坚持的系统工程，只有通过人力资本的获取，才能使青海农牧地区的农牧民在选择生计策略时提高效率；另外，还要在一定程度上提高农户的知识储备与技能水平，应注重发展正规教育与非正规教育相结合的形式，提高其文化水平和专业技能。农牧民的就业机会不仅要依靠各级政府部门或其他组织，还要依靠自己寻找新的途径。三是社会资本，能够更好地促进选择兼业型生计策略与非农牧型生计策略。调动社会各方参与帮扶的积极性，通过政府扶持与市场化运行相结合机制，在当地开展丰富多彩的集体活动，如赛马会、民族歌舞等，引导农牧民积极参与各类集体活动，以此增加农牧民之间、农牧民与当地居民之间的合作共事机会；还可以组建种类繁多的民间

组织，如安置区民族歌舞队、农牧民互助组织、民族文化协会等，继续发挥各类非正式组织在传承族群文化、维护社会资本方面的积极作用，为农牧民提供心理沟通的交流平台。四是金融资本，能够促进农牧民选择非农牧型生计策略与兼业型生计策略。通过深化金融体制改革形成农牧民处理风险的有效措施，构建牧区农村的信用体系，增强农牧民信用意识，从而有效缓解农牧民居住地的外部环境脆弱性程度和降低农牧民选择生计策略时面临的各类风险，拓宽农牧民生计选择渠道，实现其生计策略多样化选择。五是物质资本，能够促进选择纯农牧型生计策略。政府可以通过降低农牧民户贷款利息等方式，解决农牧民购买农牧机械设备、治理草场等方面的资金短缺问题，以此增加农户的物质资本；另外，政府还可以通过拓宽信贷供给服务的多元化渠道，弥补农牧民在自主经营方面的资金不足，从而为农牧民开辟一条选择生计策略的无忧路径。

9.2.5 综合评估不同生计效果，深度打通青海农牧民增收渠道

（1）增强农牧民主人翁意识，实现农牧民生计可持续性。主人翁意识是指一个人进入适合生存的某个新环境中，与当地居民享受同等公平的无差别待遇，能够安心地生活在新环境中，履行并完成生活赋予的全部任务，最终在该环境中实现个人的社会价值。事实上，只有提高了公平感知的水平，农牧民才能接纳日常生活中的各种待遇，使农牧民无论选择游牧生活还是城镇生活都能无忧，在地域层面和心理层面上获得真正意义上的主人翁感知。这种良好的心理状态会直接影响其感受公平的客观性，同时会直接影响农牧民今后的生产生活，且可以为农牧民带来适应新环境的精神动力，从而实现生态移民的可持续性生计。由此可见，主观能动性对于青海农牧民选择适合的生计方式起着至关重要的作用。然而，在调查期间发现，受访农牧民中虽然感受到公平的人数超过2/3，但少数民族地区的农牧民在语言交流、宗教文化、生活习惯等方面均存在一些困难，为此，应把深度打通青海农牧民收入增长的渠道作为增收的重要环节，同时将其作为长期的政策目标。一方面，在解决青海农牧民家庭温饱与普及义务教

育的前提下，还需要注重提高农牧民生产条件与生活质量，如加强自来水、清洁燃料、道路交通等基础设施建设；另一方面，继续加大对少数民族生态脆弱地区的扶持力度，增加对其财政转移支付，通过增加公共卫生医疗投入，如完善医疗保险、家庭低保等公共服务项目，提升公共服务水平，使农牧民家庭有机会、有能力享受经济发展成果，改善农牧民整体健康水平，为农牧民今后的可持续生计提供坚强后盾。

（2）合理配置与整合优化资源，制定实施差别化群体扶持政策。一方面，针对农牧民个体特征、家庭特征与区域特征的差异性，对不同的资源进行合理配置与整合优化，制定并实施有针对性的农牧民扶持政策，实施综合救助措施。由于青海农牧民的生存环境属于高海拔缺氧的恶劣环境，容易诱发一系列高原病，加之青海农牧民子女上学困难，针对各种各样的棘手问题，各级政府和各类社会救助组织应积极为其提供帮助：首先，除了保障青海农牧民的基本生活需求外，还应提供一定的医疗救助、教育救助等；其次，重点开发优势畜牧业产品和特色民族手工艺品等产业，因地制宜地鼓励优势产品相关企业在当地集聚，促进农牧产业的第一产业发展，为农牧民提供更多生计选择的空间与平台，提高其收入。另一方面，对于家庭收入偏低的贫困农牧民群体，应提高青海农牧民工程相关资金与项目的瞄准率，应在保护青海区域生态环境前提下，将该地区未来相关扶贫政策瞄准农牧民层面，更多地开发有针对性的农牧民扶贫项目，尤其是针对处于严重贫困状态的农牧民户，可以从教育、医疗、就业等多角度关注其家庭状况，将未来农牧民相关政策与扶贫相关政策有机结合得更加细化，从教育、医疗、就业等多维度关注贫困家庭，这样不仅可以避免农牧民出现贫困代际传递，还可以缩小青海农牧民群体内部的贫富差距，为农牧民创造一条致富道路，帮助他们在城镇过上幸福的生活。

9.3 研究局限

基于公平感知的视角，本书对青海农牧民生计策略选择的内在机理进行了深入探究，由此得出了结论并提出了相应的对策建议，对于丰富与完善农牧民可持续生计具有理论研究意义和实践指导意义。但是，在此研究过程中，受到时间与精力限制，对农牧民生计策略选择的研究仍然存在着一些不足，有待未来研究与发现。

第一，在研究数据方面，今后的研究将会致力于面板数据的获取，深入揭示农牧民选择生计策略的动态演进过程。本书在研究农牧民生计策略选择过程中，首先探究生计转型，其次将生计选择划分为生计选择意愿、生计选择行为和生计选择效果三个阶段。但受到客观条件的限制，本书用到的数据来源于青海大范围抽样及实地调查，仅采用了静态的截面数据并进行了数据分析，虽在一定程度上弥补了研究区域的数据缺陷，但是避免不了截面数据带来的弊端，极有可能导致研究结论无法全面体现农牧民选择生计策略的动态变化。因此，未来研究将会致力于建立固定观测点、完善调研设计，通过长期跟踪调查构建有关农牧民可持续生计方面的面板数据库，以深入探究农牧民选择生计的变动趋势。

第二，在样本区域方面，今后的研究将致力于扩展研究区域和拓宽研究对象，以此增强研究结论的可信性与可行性。青海虽是我国西部较为典型的少数民族生态脆弱区域，但由于目前我国农牧区域范围广，农牧民较为分散。受到人力、财产、物资、时间的限制，本书仅选取了青海为样本区域，虽能较好地弥补与反映目前青海农牧民的现状，但是在将本书的研究结果扩展到其他区域农牧民生计策略的机制中有可能产生研究对象的瞄准性偏误；同时，结合典型抽样、分层抽样与简单随机抽样等方式，仅将青海农牧民作为研究对象，收集到的调研数据不能全面反映其他农牧民群体的情况，这样就无法反映各类农牧民群体的共同性与差异性。因此，未来研究将致力于研究区域的扩展与研究对象的拓宽，在考虑研究典型性与代表性的基础上，注重样本容量的增加，对比不同区域或不同类型农牧民选择生计策略的特征，由此深入剖析公平感知对生计策略选择的影响。

第三，在研究方法方面，今后的研究将尽可能提高实证研究的科学性与有效性，完善与丰富变量测度相关指标。本书中的公平感知测量方法与指标在学术界仍未达成共识，现有研究成果多将公平变量通过四个维度表征。在此基础上，本书构建了公平感知的指标体系，但公平感知变量的内涵涉及社会学、心理学、人类学、经济学等多学科交叉问题，得出的研究结论可能存在一定局限性，因此在未来的研究中将会把融合不同学科作为侧重点，以此提高研究结果的科学性。同时，本书在对公平感知变量与生计选择变量进行实证研究的过程中，在部分章节通过数据分析验证结论的稳健性，但这种研究方法并没有在全书得到运用，这也是未来研究需要改进之处，以此提高研究结果的有效性。

参考文献

[1] ADELMAN I. Income distribution policy in developing countries: A case study of korea [J]. The journal of asian studies, 1978 (38): 591-593.

[2] AGHION P, BOLTON P A. Theory of trickle-down growth and development [J]. The review of economic studies, 1997, 64 (2): 151-172.

[3] AHLUWALIA M S. Inequality, poverty and development [J]. Journal of development economics, 1976 (34): 307-342.

[4] AHMED N, TROELL M, ALLISON E H, et al. Prawn post larvae fishing in coastal Bangladesh: Challenges for sustainable livelihoods [J]. Marine policy, 2010 (34): 218-227.

[5] AJZEN ICEK, MARTIN FISHBEIN. A Bayesian analysis of attribution processes [J]. Psychological bulletin, 1975 (82): 261-277.

[6] AJZEN I. The theory of planned behavior [J]. Organizational Behavior and Human Decision Processes, 1991 (50): 179-211.

[7] ALBA RICHARD, VICTOR NEE. Rethinking assimilation theory for a new era of immigration 1 [J]. International migration review, 1997 (31): 826-874.

[8] ASOLTANI, et al. Poverty, sustainability and household livelihood strategies in Zagros, Iran [J]. Ecological Economics, 2012 (79): 60-70.

[9] BANDURA A. Self-efficacy: Toward a unifying theory of behavioral change [J]. Psychological review, 1977, 84 (2): 191-215.

[10] BARRETT, CHRISTOPHER B, THOMAS REARDON, et al. Non-farm income diversification and household livelihood strategies in rural africa: Concepts, dynamics and policy implications [J]. Food Policy, 2001 (26):

315-331.

[11] BIES R. Interactional justice: Communication criteria of fairness [J]. Research on negotiation in organizations, 1986 (1): 43-55.

[12] BIRD, BARBARA. Implementing entrepreneurial ideas: The case for intention [J]. The academy of management review, 1988, 13 (3): 442-53.

[13] BROCKNER J, WIESENFELD B M. An integrative framework for explaining reactions to decisions: Interactive effects of outcomes and procedures [J]. Psychological bulletin, 1996, 120 (2): 189-208.

[14] CHAMBER R, CONWAY G R. Sustainable rural livelihoods: Practical concepts for the 21st century [M]. IDS Discussion Paper, 1992.

[15] CHENERY H, ROBINSON S, SYRQUIN M. Industrialization and growth: A comparative study [M]. New York: Oxford University Press, 1986.

[16] COHEN-CHARASH Y, SPECTOR P E. The role of justice in organizations: A meta-analysis [J]. Organizational behavior & human decision processes, 2001, 86 (2): 278-321.

[17] COLQUITT J A. On the dimensionality of organizational justice: A construct validation of a measure [J]. The journal of applied psychology, 2001, 86 (3): 386-400.

[18] DAVID C C, OTSUKA K. Modern rice technology and income distribution in Asia [M]. Los Banos: International Rice Research Institute, 1994.

[19] DELUCIO J J, HERCE J A, GOICOLEA A. The effects of externalities on productivity growth in spanish industry [J]. Regional science and urban economics, 2002, 32 (2): 241-258.

[20] DFID. Sustainable livelihood guidance sheets [M]. London: Department for International Development, 1999.

[21] DOUGLAS P H. The cobb-douglas production function once again: Its history, its testing, and some new empirical values [J]. Journal of political economy, 1976, 84 (5): 903-915.

[22] ELLIS F. Household strategies and rurallivehood diversification [J].

The journal of development studies, 1998, 35 (1): 1-38.

[23] ELLIS F. Rural livelihood and diversity in development countries [M]. Oxford: Oxford University Press, 2000.

[24] FAN S, PARDEY P G. Research, productivity, and output growth in Chinese agriculture [J]. Journal of development economics, 1997, 53 (1): 115-137.

[25] GARDNER B L. Economic growth and low incomes in agriculture [J]. American Journal of agriculture economics, 2000, 82 (5): 1059-1074.

[26] Gardner T M. In the trenches at the talent wars: Competitive interaction for scarce human resources [J]. Human resource management, 2002 (41): 225-237.

[27] GILES JOHN, ALBERT FRANCIS PARK, FANG CAI. How has economic restructuring affected China's urban workers? [J]. The China quarterly, 2003 (185): 61-95.

[28] GORDON M M. Assimilation in American Life: The role of race, religion, and national origins [M]. New York: Oxford University Press, 1964.

[29] GREINER R. Motivations and attitudes influence farmers' willingness to participate in biodiversity conservation contracts [J]. Agricultural systems, 2015 (137): 154-165.

[30] HAHN MICAH B, RIEDERER A M, FOSTER. The Livelihood Vulnerability Index: A pragmatic approach to assessing risks from climate variability and change—A case study in Mozambique [J]. Global environmental change-human and policy dimensions, 2009 (19): 74-88.

[31] HARRIS J R, TODARO M P. Migration, unemployment & development: A Two-Sector Analysis [J]. The American economic review, 1970 (60): 126-142.

[32] HAYAMI Y, RUTTAN V W. Agricultural development: An international perspective [M]. Baltimore: Johns Hopkins University Press, 1985.

[33] HUANG J, ROZELLE S. Technological change: Rediscovering the

engine of productivity growth in China's rural economy [J]. Journal of Development Economics, 1996, 40 (2): 337-369.

[34] JOHNSON D G. Comparability of labor capacities of farm and nonfarm labor [J]. The American economics review, 1953, 43 (3): 296-313.

[35] KARA A, KARA N R. Ethnicity and consumer choice: A study of Hispanic decision processes across different acculturation levels [J]. Journal of applied bussiness research, 2011, 12 (2): 22-34.

[36] KODAMA K. The groundwater resource crisis caused by "ecological migration": Case studies of mongolianpastoralists in ejene banner, alasha league in the inner mongolia autonomous region [J]. Ecological Migration, 2011 (18): 61-78.

[37] KUNG J K. Off-farm labor markets and the emergence of land rental markets in rural China [J]. Journal of comparative economics, 2002, 30 (2): 395-414.

[38] KUZNETS, SIMON. Economic growth and income inequality [J]. American economic review, 1955, 45 (1): 1-28.

[39] LEVINTHAL D, MARCH J G. A model of adaptive organizational search [J]. Jounral of economic behavior and organization, 1981 (4): 307-333.

[40] LEWIS, WILLIAM ARTHUR. Economic development with unlimited supplies of labor [J]. The Manchester School, 1954 (22): 139-191.

[41] LI, HAIZHENG, ZAHNISER. The determinants of temporary Rural-to-Urban migration in China [J]. Urban Studies, 2002 (39): 2219-2235.

[42] LIN J Y. Rural reforms and agricultural growth in China [J]. The American economic review, 1992, 82 (1): 34-51.

[43] LIND E A. Fairness heuristic theory: justice judgments as pivotal cognitions in organizational relations [J]. Advances in organizational justice, 2001: 56-88.

[44] MAO X F, WEI X Y, XIA J X. Evaluation of ecological migrants' adaptation to their new living area in Three- River Headwater wetlands, China

[J]. Procedia environmental sciences, 2012 (13): 1346-1353.

[45] MC LEMAN R, SCHADE J, FAIST T. Environmental migration and social inequality [M]. Berlin: Springer International Publishing, 2016.

[46] MCMILLAN J, WHALLEY J, ZHU L J. The impact of China's economic reforms on agricultural productivity growth [D]. San Diego: Graduate School of International Relations and Pacific Studies, University of California, 1988.

[47] MEIER, SCOTT T. The construct validity of burnout [J]. Journal of occupational psychology, 1984 (57): 211-219.

[48] MOTSHOLAPHEKO M R, KGATHI D L, VANDERPOST C. Rural livelihoods and household adaptation to extreme flooding in the Okavango Delta, Botswana [J]. Physics and chemistry of the earth, 2011 (36): 984-995.

[49] NEE V, STERNAU S A, SANDERS J. Job transitions in an immigrant metropolis: Ethnic boundaries and the mixed economy [J]. American sociological review, 1994 (59): 849-872.

[50] NEKBY L, RODIN M. Acculturation identity and employment among second and middle generation immigrants [J]. Journal of economic psychology, 2010, 31 (1): 35-50.

[51] NOLL HEINZ HERBERT. The stiglitz-sen-fitoussi-report: Old wine in New Skins? Views from a Social Indicators Perspective [J]. Social indicators research, 2011 (102): 111-116.

[52] PHINNEY JEAN S, ONG A D. Conceptualization and measurement of ethnic identity: Current status and future directions [J]. Journal of counseling psychology, 2007 (54): 271-281.

[53] REED M S, PODESTA G, FAZEY I, et al. Combining analytical frameworks to assess livelihood vulnerability to climate change and analyse adaptation options [J]. Ecological economics, 2013 (94): 66-77.

[54] ROGERS E M. Diffusion of innovations [M]. New York: Free Press, 2003.

[55] SAM D L, BERRY J W. Acculturation when individuals and groups

of different cultural backgrounds meet [J]. Perspectives on psychological science, 2010, 5 (4): 472-481.

[56] SCHMOOKLER J. Invention and economic growth [M]. Harvard: Harvard University Press, 1966.

[57] SCHULTZ T W. Transforming traditional agriculture [M]. Chicago: University of Chicago Press, 1964.

[58] SCOONES I. Sustainable rural livelihood: A framework for analysis [M]. IDS Working Paper, 1998.

[59] SEN, AMARTYA. Why health equity? [J]. Health economics, 2002 (118): 659-66.

[60] SHEPPARD B H, HARTWICK J M, WARSHAW P R. The theory of reasoned action: A meta-analysis of past research with recommendations for modifications and future research [J]. Journal of Consumer Research, 1998 (15): 325-343.

[61] SOLTANI A, ANGELSEN A, EID T, et al. Poverty, sustainability, and household livelihood strategies in zagros, iran [J]. Ecological economics, 2012 (79): 60-70.

[62] SOPHIE KIMURA. Environmentally displaced persons [J]. Jackson school journal of international studies, 2010, 1 (1): 10-21.

[63] SPERANAZA C I, WIESMANN U, RIST S. An indicator framework for assessing livelihood resilience in the context of social-ecological dynamics [J]. Global environmental change, 2014 (28): 109-119.

[64] SZELENYI IVAN. Social Inequalities in state socialist redistributive economies [J]. International Journal of Comparative Sociology, 1978 (19): 63-87.

[65] TANG Q, BENNETT S J, XU Y, et al. Agricultural practices and sustainable livelihoods: Rural transformation within the loess plateau, China [J]. Applied geography, 2013 (41): 15-23.

[66] TESFAYE Y, et al. Livelihood strategies and the role of forest income in participatory-managed forests of Dodola area in the bale highlands, southern Ethiopia [J]. Forest policy and economics, 2011 (13): 258-265.

[67] TSEGAYE D, VEDELD P, MOE S R. Pastoralists and livelihoods: A case study from northern afar, Ethiopia [J]. Journal of arid environments, 2013 (9): 138-146.

[68] VEECK G, PANNELL C W. Rural economic restructuring and farm household income in jiangsu, people's republic of China [J]. Annals of the association of American Geographers, 1989 (79): 275-292.

[69] WARD COLLEEN, ANTONY KENNEDY. The measurement of sociocultural adaptation [J]. International journal of intercultural relations, 1999 (23): 659-677.

[70] WILLMORE L, CAO GUIYING, XINLINGJIE. Determinants of off-farm work and temporary migration in China [J]. Population environment, 2012 (33): 161-185.

[71] WILMSEN BROOKE, MARK YAOLIN WANG. Voluntary and involuntary resettlement in China: A false dichotomy [J]. Development in practice, 2015 (25): 612-627.

[72] 安士伟，樊新生．基于收入源的农户生计策略及其影响因素分析：以河南省为例 [J]. 经济经纬，2018，35 (1)：29-34.

[73] 安祥生，陈园园，凌日平．基于结构方程模型的城镇化农民可持续非农生计分析：以晋西北朔州市为例 [J]. 地理研究，2014，33 (11)：2021-2033.

[74] 宝音都仍，阿如罕．兼业牧户的生产要素配置行为：以内蒙古科尔沁左翼后旗为例 [J]. 干旱区资源与环境，2015，29 (12)：69-74.

[75] 毕文芬，初奇鸿．收入如何影响社会信心：社会公平感的中介作用 [J]. 西安交通大学学报（社会科学版），2017 (3)：44-50.

[76] 蔡昉，王德文．经济增长成分变化与农民收入源泉 [J]. 管理

世界，2005（5）：77-83.

[77] 蔡昉．中国经济增长如何转向全要素生产率驱动型［J］．中国社会科学，2013（1）：56-71+206.

[78] 蔡洁，马红玉，夏显力．集中连片特困区农地转出户生计策略选择研究：基于六盘山的微观实证分析［J］．资源科学，2017，39（11）：2083-2093.

[79] 陈卓，续竞秦，吴伟光．集体林区不同类型农户生计资本差异及生计满意度分析［J］．林业经济，2014，36（8）：36-41.

[80] 崔冀娜，王健，张晓慧．基于公平感知的移民搬迁后城镇融入研究：以三江源生态移民为例［J］．干旱区资源与环境，2019（2）：83-88.

[81] 崔冀娜，王健，张晓慧．青海藏区移民生计转型意愿及其代际差异研究［J］．西南民族大学学报（人文社会科学版），2018，39（9）：16-21.

[82] 崔冀娜，张晓慧．生态移民政策能否化解家庭多维贫困：以青海藏区为例［J］．预测，2019（6）：90-97.

[83] 崔岩．流动人口心理层面的社会融入和身份认同问题研究［J］．社会学研究，2012，27（5）：141-160+244.

[84] 戴国琴．建筑业劳动力未来供给趋势及影响因素研究：基于杭州市的实证与分析［D］．杭州：浙江大学，2013.

[85] 邓道才，程翔．差异化融资、资源禀赋与农民兼业选择［J］．农林经济管理学报，2015，14（4）：345-353.

[86] 邓睿，冉光和．两代农民工的社区公平感有何不同：农民工融入城市社区背景下的经验研究［J］．公共管理学报，2017（1）：89-103.

[87] 邓睿，冉光和，肖云，等．生活适应状况、公平感知程度与农民工的城市社区融入预期［J］．农业经济问题，2016（4）：58-69.

[88] 丁凤琴，刘钊，景娟娟．宁夏中部干旱带生态移民文化适应的代际差异［J］．农业经济问题，2016（10）：95-105.

[89] 丁宪浩．打破新二元社会结构 促进农民工社会融入［J］．农业现代化研究，2007（5）：538-541.

[90] 东梅．生态移民与农民收入：基于宁夏红寺堡移民开发区的实证分析［J］．中国农村经济，2006（3）：27-28.

[91] 董亮，王俊鸿．长江上游生态移民社会适应路径探索：以一个生态移民村的文化和职业培训工作为视角［J］．农村经济，2013（11）：48-50.

[92] 杜发春．国外生态移民研究述评［J］．民族研究，2014（2）：109-120+126.

[93] 杜发春．三江源搬迁牧民的后续生计和就业类型：基于格尔木昆仑民族文化村的调查［J］．青海民族大学学报（社会科学版），2014，40（4）：142-149.

[94] 杜海峰，刘茜，任锋．公平感对农民工流入地政府信任的影响研究：基于公民权意识的调节效应分析［J］．西安交通大学学报（社会科学版），2015，35（4）：73-79.

[95] 杜书云，徐景霞．内源式发展视角下失地农民可持续生计困境及破解机制研究［J］．经济学家，2016（7）：76-83.

[96] 冯茹，王续琨．农村可持续发展态势测度与评价［J］．科技管理研究，2015，35（6）：50-54.

[97] 冯雪红，聂君．宁夏回族生态移民迁移意愿与迁移行为调查分析［J］．兰州大学学报（社会科学版），2013，41（6）：53-59.

[98] 冯永琦，张天舒．代际差异视角下农民工主观幸福感影响因素分析［J］．人口学刊，2016（38）：60-70.

[99] 付少平，赵晓峰．精准扶贫视角下的移民生计空间再塑造研究［J］．南京农业大学学报（社会科学版），2015，15（6）：60-66.

[100] 高功敬．中国城市贫困家庭生计资本与生计策略［J］．社会科学，2016（10）：85-98.

[101] 高启杰，董杲．基层农技推广人员的组织公平感知对其组织公

民行为的影响研究：以主观幸福感为中介变量［J］. 中国农业大学学报（社会科学版），2016，33（2）：75-83.

［102］葛珺沂，李兴绪，刘曼莉．边疆民族自治地区农户收入影响因素分析：以云南红河哈尼族彝族自治州农户为例［J］. 农业经济问题，2010，31（3）：104-109+112.

［103］顾海英，史清华，程英，等．现阶段“新二元结构”问题缓解的制度与政策：基于上海外来农民工的调研［J］. 管理世界，2011（11）：55-65.

［104］郭庆，余运江，黄祖宏．流动人口社会融入感的空间差异及影响因素研究：基于 ESDA 的视角［J］. 人口与发展，2015，21（4）：52-59.

［105］国务院．国家八七扶贫攻坚计划（1994—2000 年）［EB/OL］.（2004-08-25）［2018-03-19］. http：//news. sina. com. cn/2004-08-25/17534137022. shtml.

［106］哈尔，梅志里．发展型社会政策［M］. 罗敏，等，译．北京：社会科学文献出版社，2006.

［107］郝文渊，杨东升，张杰，等．农牧民可持续生计资本与生计策略关系研究：以西藏林芝地区为例［J］. 干旱区资源与环境，2014，28（10）：37-41.

［108］何军．代际差异视角下农民工城市融入的影响因素分析：基于分位数回归方法［J］. 中国农村经济，2011（6）：15-25.

［109］何仁伟，刘邵权，陈国阶，等．中国农户可持续生计研究进展及趋向［J］. 地理科学进展，2013，32（4）：657-670.

［110］何仁伟．山区聚落农户可持续生计发展水平及空间差异分析：以四川省凉山州为例［J］. 中国科学院大学学报，2014，31（2）：221-230.

［111］何学欢，胡东滨，粟路军．旅游地居民感知公平、关系质量与环境责任行为［J］. 旅游学刊，2018（9）：117-131.

［112］和红，任迪．新生代农民工健康融入状况及影响因素研究

[J]. 人口研究，2014，38（6）：92-103.

[113] 贺爱琳，杨新军，陈佳，等. 乡村旅游发展对农户生计的影响：以秦岭北麓乡村旅游地为例 [J]. 经济地理，2014，34（12）：174-181.

[114] 侯东民，张耀军，孟向京，等. 西部生态移民跟踪调查：兼对西部扶贫战略的再思考 [J]. 人口与经济，2014（3）：42-50.

[115] 胡初枝，黄贤金. 农户可持续生计与征地意愿分析：以江苏省苏南、苏北典型村庄农户问卷调查为例 [J]. 天津农业科学，2011，17（2）：57-61.

[116] 胡晗，司亚飞，王立剑. 产业扶贫政策对贫困户生计策略和收入的影响：来自陕西省的经验证据 [J]. 中国农村经济，2018（1）：78-89.

[117] 黄建伟. 失地农民可持续生计问题研究综述 [J]. 中国土地科学，2011（6）：89-96.

[118] 黄志刚，陈晓楠，李健瑜. 生态移民政策对农户收入影响机理研究：基于形成型指标的结构方程模型分析 [J]. 资源科学，2018，40（2）：439-451.

[119] 贾耀锋. 中国生态移民效益评估研究综述 [J]. 资源科学，2016，38（8）：1550-1560.

[120] 靳小怡，李成华，杜海峰，等. 可持续生计分析框架应用的新领域：农民工生计研究 [J]. 当代经济科学，2011，33（3）：103-109+128.

[121] 句芳，孟凡杰，孙宝全. 农牧户兼业时间的实证研究：基于内蒙古农村牧区的问卷调查 [J]. 农业技术经济，2015（12）：60-68.

[122] 康晓虹，史俊宏，张文娟，等. 草原禁牧补助政策背景下牧户生计资本现状及其影响因素研究：基于内蒙古典型牧区的调查数据 [J]. 干旱区资源与环境，2018，32（11）：59-65.

[123] 邝佛缘，陈美球，鲁燕飞，等. 生计资本对农户耕地保护意愿的影响分析：以江西省 587 份问卷为例 [J]. 中国土地科学，2017，31

(2)：58-66.

［124］黎洁．陕西安康移民搬迁农户的生计适应策略与适应力感知［J］．中国人口·资源与环境，2016，26（9）：44-52.

［125］黎洁．陕西安康移民搬迁农户生计选择与分工分业的现状与影响因素分析：兼论陕南避灾移民搬迁农户的就地就近城镇化［J］．西安交通大学学报（社会科学版），2017（1）：55-63.

［126］李聪，刘若鸿，许晏君．易地扶贫搬迁、生计资本与农户收入不平等：来自陕南的证据［J］．农业技术经济 2019（7）：52-67.

［127］李聪，柳玮，黄谦．陕南移民搬迁背景下农户生计资本的现状与影响因素分析［J］．当代经济科学，2014，36（6）：106-112+126.

［128］李翠珍，徐建春，孔祥斌．大都市郊区农户生计多样化及对土地利用的影响：以北京市大兴区为例［J］．地理研究，2012，31（6）：1039-1049.

［129］李丹，许娟，付静．民族地区水库移民可持续生计资本及其生计策略关系研究［J］．中国地质大学学报（社会科学版），2015，15（1）：51-57.

［130］李芬，张林波，陈利军．三江源区生态移民生计转型与路径探索［J］．农村经济，2014（11）：53-58.

［131］李广东，邱道持，王利平，等．生计资产差异对农户耕地保护补偿模式选择的影响：渝西方山丘陵不同地带样点村的实证分析［J］．地理学报，2012，67（4）：504-515.

［132］李海燕，蔡银莺．生计多样性对农户参与农田生态补偿政策响应状态的影响：以上海闵行区、苏州张家港市发达地区为例［J］．自然资源学报，2014，29（10）：1696-1708.

［133］李克强．论我国经济的三元结构［J］．中国社会科学，1991（3）：65-82.

［134］李强．影响中国城乡流动人口的推力与拉力因素分析［J］．中国社会科学，2003（1）：125-136+207.

[135] 李庆，林光华，何军．农民兼业化与农业生产要素投入的相关性研究：基于农村固定观察点农户数据的分析 [J]. 南京农业大学学报（社会科学版），2013，13（3）：27-32.

[136] 李宪宝，高强．行为逻辑、分化结果与发展前景：对 1978 年以来中国农村分化行为的考察 [J]. 农业经济问题，2013（2）：56-65.

[137] 李晔，龙立荣，刘亚．组织公平感的形成机制研究进展 [J]. 人类工效学，2002（1）：38-41.

[138] 励汀郁，谭淑豪．制度变迁背景下牧户的生计脆弱性：基于"脆弱性—恢复力"分析框架 [J]. 中国农村观察，2018（3）：19-34.

[139] 梁流涛，许立民．生计资本与农户的土地利用效率 [J]. 中国人口·资源与环境，2013，23（3）：63-69.

[140] 梁爽，吴文恒，强彦红，等．西北地区小城镇居民生计脆弱性及其影响因子 [J]. 中国农业资源与区划，2019，40（7）：74-80.

[141] 林毅夫，蔡昉，李周．中国经济转型时期的地区差距分析 [J]. 经济研究，1998（6）：5-12.

[142] 林毅夫．"三农"问题与我国农村的未来发展 [J]. 农业经济问题，2003（1）：19-24+79.

[143] 刘国恩，WILLIAM DOW H，傅正泓，等．中国的健康人力资本与收入增长 [J]. 经济学（季刊），2004（4）：101-118.

[144] 刘纪远，徐新良，邵全琴．近 30 年来青海三江源地区草地退化的时空特征 [J]. 地理学报，2018，64（4）：364-376.

[145] 刘伟，黎洁，李聪，等．西部山区项目扶贫的农户收入效应：来自陕西安康的经验证据 [J]. 南京农业大学学报（社会科学版），2014，14（6）：42-51.

[146] 刘伟，徐洁，黎洁．陕南易地扶贫搬迁农户生计脆弱性研究 [J]. 资源科学，2018，40（10）：2002-2014.

[147] 刘旭凡，冯紫曦，孙家堂．农户秸秆处理行为研究综述 [J]. 中国人口·资源与环境，2013，23（S2）：412-415.

［148］龙彦亦，刘小珉．易地扶贫搬迁政策的“生计空间”视角解读［J］．求索，2019（1）：114-121.

［149］卢海阳，KANDILOV IVAN T．身份融合对农民工就业的影响：基于倾向得分匹配的研究（英文）［J］．中国农业大学学报，2018（7）：176-191.

［150］卢海阳，郑逸芳，钱文荣．农民工融入城市行为分析：基于1632个农民工的调查数据［J］．农业技术经济，2016（1）：26-36.

［151］卢海阳．农民工的城市融入及对经济行为的影响［D］．杭州：浙江大学，2015.

［152］罗明忠，卢颖霞．农民工的职业认同对其城市融入影响的实证分析［J］．中国农村观察，2013（5）：10-23+95.

［153］曼海姆．卡尔·曼海姆精粹［M］．徐彬，译．南京：南京大学出版社，2002.

［154］孟向京．三江源生态移民选择性及对三江源生态移民效果影响评析［J］．人口与发展，2011，17（4）：2-8.

［155］牛静坤，杜海峰，杜巍，等．公平感对农民工集群行为的影响研究：基于平等意识的调节效应分析［J］．公共管理学报，2016（3）：89-99.

［156］潘泽泉，林婷婷．劳动时间、社会交往与农民工的社会融入研究：基于湖南省农民工“三融入”调查的分析［J］．中国人口科学，2015（3）：108-115+128.

［157］钱文荣，李宝值．初衷达成度、公平感知度对农民工留城意愿的影响及其代际差异：基于长江三角洲16城市的调研数据［J］．管理世界，2013（9）：89-101.

［158］秦立建，陈波．医疗保险对农民工城市融入的影响分析［J］．管理世界，2014，253（10）：91-99.

［159］任国强，付一为．不同就业类型农户的收入差距及其对总体不平等的贡献［J］．南开经济研究，2013（3）：139-152.

［160］沈宏益．西藏农牧民持续增收的财政政策研究［D］．北京：北京林业大学，2013.

［161］史俊宏，赵立娟．迁移与未迁移牧户生计状况比较分析：基于内蒙古牧区牧户的调研［J］．农业经济问题，2012，33（9）：104－109+112.

［162］史俊宏．生计转型背景下蒙古族生态移民非农生计策略选择及困境分析［J］．中国农业大学学报，2015（3）：264－270.

［163］史俊宏．生态移民生计转型风险管理：一个整合的概念框架与牧区实证检验［J］．干旱区资源与环境，2015（11）：37－42.

［164］史清华，卓建伟，郑龙真．农民外出就业及遭遇的实证分析［J］．中国农村经济，2004（10）：56－63.

［165］司瑞石，陆迁，张淑霞，等．畜禽禁养政策对替代生计策略与养殖户收入的影响［J］．资源科学，2019（4）：643－654.

［166］宋月萍，陶椰．融入与接纳：互动视角下的流动人口社会融合实证研究［J］．人口研究，2012，36（3）：38－49.

［167］苏芳，蒲欣冬，徐中民，等．生计资本与生计策略关系研究：以张掖市甘州区为例［J］．中国人口·资源与环境，2009，19（6）：119－125.

［168］苏芳，尚海洋．生态补偿方式对农户生计策略的影响［J］．干旱区资源与环境，2013，27（2）：58－63.

［169］苏芳，周亚雄．新型城镇化背景下劳动力转移对农户生计策略选择的影响分析［J］．数理统计与管理，2017，36（3）：391－401.

［170］孙计领．收入不平等、分配公平感与幸福［J］．经济学家，2016（1）：42－49.

［171］孙晓一，徐勇，汤青．黄土高原半城镇化农民非农生计稳定性及收入差异分析［J］．人文地理，2016（3）：21－30.

［172］谭灵芝，王国友．气候变化对干旱区家庭生计脆弱性影响的空间分析：以新疆于田绿洲为例［J］．中国人口科学，2012（2）：67－

77+112.

［173］汤青，徐勇，李扬．黄土高原农户可持续生计评估及未来生计策略：基于陕西延安市和宁夏固原市 1076 户农户调查［J］．地理科学进展，2013，32（2）：161-169.

［174］唐松．中国金融资源配置与区域经济增长差异：基于东、中、西部空间溢出效应的实证研究［J］．中国软科学，2014（8）：100-110.

［175］田明，彭宇．流动人口城市融入的空间差异：以东部沿海 6 个城市为例［J］．城市规划，2014，38（6）：9-16+31.

［176］田艳平．家庭化与非家庭化农民工的城市融入比较研究［J］．农业经济问题，2014，35（12）：53-62+111.

［177］王成超，杨玉盛．基于农户生计策略的土地利用/覆被变化效应综述［J］．地理科学进展，2012，31（6）：792-798.

［178］王佃利，刘保军，楼苏萍．新生代农民工的城市融入：框架建构与调研分析［J］．中国行政管理，2011（2）：111-115.

［179］王放，王益谦．论生态移民与长江上游可持续发展［J］．人口与经济，2003（2）：63-68.

［180］王娟，吴海涛，丁世军．山区农户升级转型及其影响因素研究：以滇西南为例［J］．中南财经政法大学学报，2014（5）：133-141.

［181］王娟，张克中．公共支出结构与农村减贫：基于省级面板数据的证据［J］．中国农村经济，2012，325（1）：31-42.

［182］王俊鸿．统筹城乡改革背景下羌族移民生计转型研究［J］．西南民族大学学报（人文社会科学版），2012（4）：107-110.

［183］王利平，王成，李晓庆．基于生计资产量化的农户分化研究：以重庆市沙坪坝区白林村 471 户农户为例［J］．地理研究，2012，31（5）：945-954.

［184］王谋，李勇，白宪洲，等．全球变暖对青藏高原腹地草地资源的影响［J］．自然资源学报，2004（3）：331-336.

［185］王洒洒，杨雪燕，罗丞．价格上涨压力下农村留守妇女的生计

策略：生计多样化［J］. 中国农村观察，2014（5）：47-55.

［186］王胜今，许世存．流入人口社会融入感的结构与影响因素分析：基于吉林省的调查数据［J］. 人口学刊，2013（1）：5-14.

［187］王伟，马超．基于可行能力理论的失地农民福利水平研究：以江苏省宜兴市和太仓市为例［J］. 农业技术经济，2013（6）：20-31.

［188］王彦星，潘石玉，卢涛，等．生计资本对青藏高原东缘牧民生计活动的影响及区域差异［J］. 资源科学，2014，36（10）：2157-2165.

［189］王玥，卢新海．国有土地上房屋被征收人的公平感知对征收补偿意愿的影响［J］. 中国土地科学，2013（9）：13-20.

［190］韦志林，芮明杰．薪酬心理折扣、薪酬公平感和工作绩效［J］. 经济与管理研究，2016（4）：59-65.

［191］文军．西方社会学理论：经典传统和当代转向［M］. 上海：上海人民出版社，2006.

［192］翁贞林，高雪萍，檀竹平．农户禀赋、区域环境与粮农兼业化：基于9省份1647个粮食种植户的问卷调研［J］. 农业技术经济，2017（2）：61-71.

［193］吴海鹰，李文录，杜正彬．宁夏农村扶贫开发20年回顾与展望：挑战贫困［M］. 银川：宁夏人民出版社，2008.

［194］吴孔森，杨新军，尹莎．环境变化影响下农户生计选择与可持续性研究：以民勤绿洲社区为例［J］. 经济地理，2016（9）：141-149.

［195］吴乐，靳乐山．生态补偿扶贫背景下农户生计资本影响因素研究［J］. 华中农业大学学报（社会科学版），2018（6）：55-61+153-154.

［196］伍艳．农户生计资本与生计策略的选择［J］. 华南农业大学学报（社会科学版），2015，14（2）：57-66.

［197］伍艳．贫困山区农户生计资本对生计策略的影响研究：基于四川省平武县和南江县的调查数据［J］. 农业经济问题，2016，37（3）：88-94+112.

［198］夏春玉，田敏，张闯．契约型农业中私人关系对投机行为的影

响：农户感知公平的作用［J］．北京工商大学学报（社会科学版），2015（1）：4–15.

［199］夏玉莲，张园．家庭禀赋对农民家庭收入的影响分析：基于1188户农户的实证分析［J］．农林经济管理学报，2018（4）：427–433.

［200］向华丽．女性农民工的社会融入现状及其影响因素分析：基于湖北3市的调查［J］．中国人口·资源与环境，2013，23（1）：103–110.

［201］肖云忠，李师．反腐倡廉建设与增进人民群众公平正义感［J］．廉政文化研究，2016，7（2）：35–42.

［202］谢晋，蔡银莺．创新实践地区农户参与农田保护补偿政策成效的生计禀赋影响：苏州及成都的实证比较［J］．资源科学，2016，38（11）：2082–2094.

［203］谢先雄，李晓平，赵敏娟，等．资本禀赋如何影响牧民减畜：基于内蒙古372户牧民的实证考察［J］．资源科学，2018（9）：1730–1741.

［204］许汉石，乐章．生计资本、生计风险与农户的生计策略［J］．农业经济问题，2012，33（10）：100–105.

［205］荀丽丽，包智明．政府动员型环境政策及其地方实践：关于内蒙古S旗生态移民的社会学分析［J］．中国社会科学，2007（5）：114–128+207.

［206］杨江澜，王洁，薛海娇，等．流动人口城镇社会融入信心指数编制及应用［J］．人口研究，2016，40（5）：61–74.

［207］杨奎臣，胡鹏辉．社会公平感、主观幸福感与亲环境行为：基于CGSS2013的机制分析［J］．干旱区资源与环境，2018（2）：15–22.

［208］杨世龙，赵文娟，徐蕊，等．元江干热河谷地区农户生计策略选择机制分析：以新平县为例［J］．干旱区资源与环境，2016，30（7）：19–23.

［209］游和远，吴次芳，鲍海君．农地流转、非农就业与农地转出户福利：来自黔浙鲁农户的证据［J］．农业经济问题，2013，34（3）：16–25+110.

[210] 曾鹏，向丽．中西部地区人口就近城镇化意愿的代际差异研究：城市融入视角［J］．农业经济问题，2016（2）：91-99.

[211] 翟黎明，夏显力，吴爱娣．政府不同介入场景下农地流转对农户生计资本的影响：基于 PSM-DID 的计量分析［J］．中国农村经济，2017（2）：2-15.

[212] 展进涛，黄宏伟．农村劳动力外出务工及其工资水平的决定：正规教育还是技能培训：基于江苏金湖农户微观数据的实证分析［J］．中国农村观察，2016（2）：55-67.

[213] 张超．流动人口城市融入模型及其解释力：基于江苏昆山的调查研究［J］．现代经济探讨，2015（12）：31-34+66.

[214] 张车伟，王德文．农民收入问题性质的根本转变：分地区对农民收入结构和增长变化的考察［J］．中国农村观察，2004（1）：2-13+80.

[215] 张丽君，王菲．中国西部牧区生态移民后续发展对策探析［J］．中央民族大学学报（哲学社会科学版），2011，38（4）：31-36.

[216] 张丽君．中国牧区生态移民可持续发展实践及对策研究［J］．民族研究，2013，201（1）：22-34+123-124.

[217] 张务伟，张福明，杨学成．农村劳动力就业状况的微观影响因素及其作用机理：基于入户调查数据的实证分析［J］．中国农村经济，2011（11）：62-73.

[218] 张永军．绩效考核公平感对反生产行为的影响：交换意识的调节作用［J］．管理评论，2014（8）：161-170.

[219] 章铮．进城定居还是回乡发展：民工迁移决策的生命周期分析［J］．中国农村经济，2006（7）：21-29.

[220] 赵锋，杨云彦．外力冲击下水库移民生计脆弱性及其解决机制：以南水北调中线工程库区为例［J］．人口与经济，2009（4）：1-7+19.

[221] 赵琴．居住空间分异及其对城郊失地农民城市融入的影响：基于贵州省凤冈县的调研数据［J］．农业经济问题，2015，36（9）：71-78+111-112.

[222] 赵文娟，杨世龙，王潇．基于 Logistic 回归模型的生计资本与生计策略研究：以云南新平县干热河谷傣族地区为例［J］. 资源科学，2016，38（1）：136-143.

[223] 赵文娟，杨世龙，徐蕊．元江干热河谷地区生计资本对农户生计策略选择的影响：以新平县为例［J］. 中国人口·资源与环境，2015，25（S2）：162-165.

[224] 赵雪雁，张丽，江进德，等．生态补偿对农户生计的影响：以甘南黄河水源补给区为例［J］. 地理研究，2013，32（3）：531-542.

[225] 赵雪雁，赵海莉，刘春芳．石羊河下游农户的生计风险及应对策略：以民勤绿洲区为例［J］. 地理研究，2015，34（5）：922-932.

[226] 赵雪雁．生计资本对农牧民生活满意度的影响：以甘南高原为例［J］. 地理研究，2011，30（4）：687-698.

[227] 钟甫宁，何军．增加农民收入的关键：扩大非农就业机会［J］. 农业经济问题，2007（1）：62-70+112.

[228] 周浩，龙立荣，王宇清．整体公平感、情感承诺和员工偏离行为：基于多对象视角的分析［J］. 管理评论，2016（11）：162-169.

[229] 周科，韩毅．对三峡库区融入长江经济带的对策思考［J］. 农业现代化研究，2016，37（1）：29-34.

[230] 朱建军，胡继连，安康，等．农地转出户的生计策略选择研究：基于中国家庭追踪调查（CFPS）数据［J］. 农业经济问题，2016，37（2）：49-58+111.

[231] 朱农．贫困、不平等和农村非农产业的发展［J］. 经济学（季刊），2005（4）：167-188.

[232] 朱其权，龙立荣．互动公平研究评述［J］. 管理评论，2012，24（4）：101-106.

[233] 朱新华，蔡俊．感知价值、可行能力对农户宅基地退出意愿的影响及其代际差异［J］. 中国土地科学，2016（9）：64-72.

附　录

青海农牧民调查问卷

编号：__________

调查地点：______州______县______镇______乡______村

您好！我是国家社科基金项目青海大学课题研究组成员，现进行关于农牧民基本情况的问卷调查，希望得到相关的信息，感谢您在百忙之中协助我们调查。该问卷仅作为学术研究使用，对外保密，不会损害您的任何利益。

一、基本信息

1. 您的性别：A. 男　　B. 女

2. 您的年龄：______岁。

3. 您的婚姻状况：A. 未婚　　B. 已婚

4. 您的民族：______族。

5. 您是否有宗教信仰？A. 有　　B. 没有

若有，您信仰的宗教是______教。您平均每星期参加宗教活动______次。

6. 您的身体状况：

A. 很不健康　　B. 不太健康

C. 一般　　D. 健康

E. 很健康

7. 您现在从事农牧业生产（放牧、种地等）吗？A. 是　　B. 否

8. 您的受教育程度：

A. 不识字或初识　　B. 小学

C. 初中　　D. 高中或中专

E. 大专及以上

9. 您家的总人数是________人。其中，就业人数是________人，失业的有________人，从事非农工作的有________人，从事农牧业的有________人。

10. 您家有________个孩子？其中，儿子________个，女儿________个。

11. 家庭成员中是否有人参与过非农培训（如藏毯、唐卡等的加工，玛尼石雕刻等）？A. 有　　B. 没有

若有，家中参与过非农培训的人数是________人。

12. 家庭成员或亲戚朋友中是否有政府工作人员或村干部？

A. 有　　B. 没有

二、对生活的主观评价

项目内容	选项				
1. 您对生活水平满意吗	很满意	比较满意	一般	有些不满意	很不满意
2. 您外出时对交通服务满意吗	很满意	比较满意	一般	有些不满意	很不满意
3. 您对看病等医疗服务满意吗	很满意	比较满意	一般	有些不满意	很不满意
4. 您对自己生活所在地的治安满意吗	很满意	比较满意	一般	有些不满意	很不满意
5. 您家孩子上学方便吗	很方便	比较方便	一般	有些不方便	很不方便
6. 您对住房、水、电满意吗	很满意	比较满意	一般	有些不满意	很不满意
7. 您对就业机会满意吗	很满意	比较满意	一般	有些不满意	很不满意
8. 您对休闲生活满意吗	很满意	比较满意	一般	有些不满意	很不满意
9. 您感受到的生活幸福程度	很开心	比较幸福	一般	有点不开心	非常糟糕

三、内心感知

1. 您或家人目前的工作是通过什么渠道获得的？

A. 政府与企业招人

B. 经亲友介绍

C. 自己通过各类平台寻找

D. 乡村级工作人员或者其他政府部门工作人员安排

E. 其他

2. 您对自己和家人目前从事的工作是否满意？

A. 很不满意　　B. 不满意

C. 一般　　D. 较满意

E. 很满意

3. 您上年更换工作的次数是多少？

A. 换过 4 次及以上　　B. 换过 3 次

C. 换过 2 次　　D. 换过 1 次

E. 没有换过

4. 您目前的家庭收入能否满足家庭的各项基本开支？

A. 完全不能满足　　B. 不能满足

C. 一般　　D. 能满足

E. 完全能满足

5. 您对目前的收入满意吗？

A. 很不满意　　B. 不满意

C. 一般　　D. 较满意

E. 很满意

6. 您对自己在今后一年的收入提升有信心吗？

A. 完全没信心　　B. 没信心

C. 一般　　D. 有点信心

E. 很有信心

7. 您的家庭在过去一年主要的消费支出是哪种?

A. 医疗 B. 宗教

C. 通信 D. 服装

E. 社交 F. 住房

G. 教育 H. 粮食

I. 其他

8. 您的家庭会对每个月的消费支出做计划吗?

A. 完全不计划 B. 不计划

C. 一般 D. 计划

E. 完全计划

9. 您与家人每月能否合理地存钱?

A. 经常透支 B. 偶尔会透支

C. 刚好够用 D. 有时能存钱

E. 经常能存钱

10. 您或家人在外从事各类工作时对工资按时发放方面是否满意?

A. 很不满意 B. 不满意

C. 一般 D. 较满意

E. 很满意

11. 您或家人在外从事各类工作时对各类劳动保障是否满意?

A. 很不满意 B. 不满意

C. 一般 D. 较满意

E. 很满意

12. 您认为在各类制度落实过程中是否人人平等?

A. 很不平等 B. 不平等

C. 一般 D. 较平等

E. 很平等

13. 您对目前实施的各类制度设计是否满意?

A. 很不满意 B. 不满意

C. 一般　　D. 较满意

E. 很满意

14. 对于各类制度的实施过程，您是否觉得完善？

A. 很不完善　　B. 不完善

C. 一般　　D. 较完善

E. 很完善

15. 您经常参与的日常民族文化活动有什么？

A. 藏戏　　B. 磕长头

C. 转经轮　　D. 击球

E. 赛马　　F. 射击

G. 藏式摔跤　　H. 藏族舞

16. 您获取各类政策信息的主要渠道是什么？

A. 电视　　B. 报纸

C. 电脑　　D. 居住地宣传栏

E. 手机

17. 您认为目前有关农牧民的优惠政策受益范围是否广泛？

A. 很不广泛　　B. 不广泛

C. 一般　　D. 广泛

E. 很广泛

18. 您认为有关农牧民优惠政策的落实是否很及时？

A. 完全不及时　　B. 不及时

C. 一般　　D. 及时

E. 完全及时

19. 您多久会关注一次政府发布的政策？

A. 从未看过　　B. 一年看一次

C. 一个月看一次　　D. 一周看一次

E. 天天都看

20. 您日常使用的语言与当地所在州县使用的语言是否一样?

A. 完全不一样
B. 较大程度不一样
C. 存在不一样
D. 较大程度一样
E. 完全一样

21. 您能够听懂当地所在州县使用的语言吗?

A. 完全听不懂
B. 听懂一点点
C. 听得懂
D. 会说一点
E. 交流无障碍

22. 您与家人日常的饮食以什么为主?

A. 奶类
B. 肉类
C. 水果类
D. 豆类
E. 粮食
F. 蔬菜类

23. 不同民族的宗教文化信仰之间需要相互包容，您认同吗?

A. 完全不认同
B. 不认同
C. 中立
D. 认同
E. 完全认同

24. 您对目前的饮食起居等习惯吗?

A. 很不习惯
B. 比较不习惯
C. 一般
D. 比较习惯
E. 很习惯

25. 您认为所在州县关于婚丧嫁娶的习俗与牧区的是一样的吗?

A. 完全不同
B. 较大不同
C. 中立
D. 较大相同
E. 完全相同

26. 您认为您和子女（或家人）是城镇居民吗?

A. 自己和子女（或家人）均不是
B. 自己或子女（或家人）不是
C. 不确定
D. 自己或子女（或家人）是
E. 自己和子女（或家人）均是

27. 相比居住在牧区从事纯农牧业，您更希望今后与家人定居在城镇从事多种生计吗？

A. 非常不希望　　B. 比较不希望

C. 一般　　D. 比较希望

E. 非常希望

28. 您参与过哪种技能培训？

A. 藏毯加工　　B. 汽车摩托车驾驶或修理

C. 唐卡绘制　　D. 玛尼石雕刻

E. 奶牛养殖　　F. 民族风情园经营

G. 民族歌舞　　H. 导游

I. 民族手工艺品加工　　J. 其他

29. 您认为目前接收信息的渠道是否全面？

A. 很不全面　　B. 不全面

C. 一般　　D. 较全面

E. 很全面

30. 您认为接收关于教育、医疗、就业等外界信息的渠道都是有用的吗？

A. 很没有用　　B. 没用

C. 一般　　D. 较有用

E. 很有用

31. 您接收教育、医疗、就业等外界信息的渠道是可信的吗？

A. 很不可信　　B. 不可信

C. 一般　　D. 较可信

E. 很可信

32. 您在教育、医疗、就业等方面获取外界信息是否容易？

A. 很不容易　　B. 不容易

C. 一般　　D. 较容易

E. 很容易

33. 您获得的关于教育、医疗、就业等外界信息是有用的吗?

A. 很没用　　B. 没用
C. 一般　　D. 较有用
E. 很有用

34. 您获得的关于教育、医疗、就业等外界信息是可信的吗?

A. 很不可信　　B. 不可信
C. 一般　　D. 较可信
E. 很可信

35. 您认为目前接收到的外界信息全面吗?

A. 很不全面　　B. 不全面
C. 一般　　D. 较全面
E. 很全面

36. 您接收到的关于教育、医疗、就业等外界信息都很及时吗?

A. 很不及时　　B. 不及时
C. 一般　　D. 较及时
E. 很及时

37. 您获得的关于教育、医疗、就业等外界信息是正确无误的吗?

A. 很不正确　　B. 不正确
C. 一般　　D. 较正确
E. 很正确

四、生计状况

1. 您在过去一年中更换过工作吗?

A. 更换过　　B. 没有更换

如果变更过工作，主要原因是________________。

2. 您参加过哪种形式的技能培训?（可多选）

A. 政府组织　　B. 企业组织
C. 自费参加技能培训　　D. 学徒工
E. 没有参加过

3. 您觉得技能培训对您的工作有帮助吗？

A. 没有帮助　　B. 有一点帮助

C. 有很大的帮助　　D. 不知道

4. 您总共从事过几份工作？

A. 一份　　B. 两份

C. 三份　　D. 四份

E. 五份及以上

5. 您过去一年的就业情况（若目前失业，按失业前回答）：

A. 只干与农牧业相关的工作　　B. 只从事非农业工作

C. 既干农牧业工作又从事非农业工作

D. 没有干活

6. 您所从事的工作：（可多选）

A. 无工作（跳至第 12 题）　　B. 放牧

C. 种地　　D. 养藏獒

E. 采虫草　　F. 跑运输

G. 个体经商　　H. 打工

I. 其他

7. 过去一年，您实际工作多少个月？平均每个月工作多少天？平均每天工作多少个小时？__________。

8. 您是如何获得这份工作的？

A. 政府安排　　B. 顶替他人

C. 亲戚、朋友或老乡介绍　　D. 自己寻找

E. 自己经营的门店

9. 您对目前工作的哪方面满意？

A. 工资　　B. 工作条件

C. 工作中同事关系　　D. 工作时间

E. 其他

10. 您是否考虑离开现在的工作去找一个更好的工作？

A. 是　　B. 否

C. 没想过

11. 您害怕丢掉工作吗？

A. 害怕　　B. 不害怕

12. 如果没有工作，您遇到的困难是什么？

A. 缺乏就业信息　　B. 工作环境太差

C. 缺乏技能，只能干苦力　　D. 语言交流困难

E. 工作不稳定　　F. 其他（请注明）

五、收入分配与其他评价

1. 您的家庭平均一年的消费支出情况如何？

单位：元

年份	食品类	水电煤类	日用品类	服装类	交通类	医疗保险类	教育培训类	宗教文化类	资讯类	社交类	其他支出
2016											
2017											
2018											
2019											

2. 您的家庭平均一年的收入情况如何？

单位：元

年份	畜牧业	种植业	采集业	养殖业	外出务工	非农自营	政府补贴	其他
2016								
2017								
2018								
2019								

3. 您家里的主要收入来源有哪些？

A. 政府补助费用　　B. 打工收入

C. 挖虫草　　D. 工资收入

E. 经商收入　　　　F. 出租草场

G. 其他

4. 您的家庭平均每月收入是多少？

A. 1000 元及以下　　　　B. 1001~3000 元

C. 3001~5000 元　　　　D. 5001~7000 元

E. 7001~9000 元　　　　F. 9000 元以上

5. 您的收入和从事相同工作的其他人有没有差距？

A. 没有　　　　B. 有

C. 不知道

6. 您对当前收入差距扩大的现状有什么感受？

A. 完全可以接受　　　　B. 勉强可以接受

C. 无所谓　　　　D. 不太能接受

E. 完全不能接受

7. 您认为目前收入差距扩大的主要原因是什么？____________。

8. （1）您对收入水平“满意”的主要原因是什么？

A. 已满足生活需要　　　　B. 收入与能力相当

C. 不介意钱多钱少　　　　D. 大家收入基本相当

E. 其他

（2）您对收入水平“不满意”的主要原因是什么？

A. 收入太少　　　　B. 收入水平下降

C. 收入差距太大　　　　D. 收入小于劳动付出

E. 其他____________

9. 您对政府在提高居民收入方面的工作进展状况的看法：

A. 有显著进展　　　　B. 稍有进展

C. 无进展　　　　D. 稍有恶化

E. 显著恶化

10. 您认为改善您目前收入状况的主要途径有什么？

A. 未考虑　　　　B. 独立创业

C. 多干几份活儿　　　　D. 外出打工

E. 技能培训　　F. 依靠政府救济

G. 其他____________

六、生计资本

1. 您家人均拥有的草场面积或田地面积有__________亩
2. 您认为草场质量或耕地质量如何？ A. 很差　B. 比较差　C. 一般　D. 比较好　E. 很好
3. 您家子女的教育情况：　A. 在学校上学　B. 失学
4. 家庭成员中受教育的最高程度是： A. 小学　B. 初中和中专　C. 高中及大专　D. 大学本科及以上
5. 家庭成员的健康状况： A. 健康　B. 偶有小病　C. 患有慢性病　D. 重大疾病　E. 残疾
6. 您家的劳动力数量是_______人（家庭中 18~64 岁健康劳动力数量）
7. 您家有没有获得无偿现金援助（如政府救助和补贴金额）？ A. 获得过援助　B. 没有获得过援助
8. 您从哪里借过钱吗？ A. 从银行借过　B. 从非正规金融机构借过 C. 向亲戚朋友借过　D. 从来没借过
9. 您感觉获得信贷的难易程度： A. 非常困难　B. 比较困难　C. 一般　D. 比较容易　E. 非常容易
10. 与您家来往密切的人家有_______户
11. 您家在急需大笔开支时，能够求助的人家有_______户
12. 您对村里多少人有信任感？ A. 全部　B. 绝大部分　C. 一半左右　D. 小部分　E. 几乎没有
13. 您家的亲戚大概有_______人
14. 您感觉周围人对您信任的有多少？ A. 全部　B. 绝大部分　C. 一半左右　D. 小部分　E. 几乎没有
15. 您家拥有_______头牛、_______只羊、_______匹马
16. 您家的住房情况：房屋____间，____平方米

七、生活状况

1. 您认为自己的经济收入水平在当地处于中等层次。

A. 完全不符合　　B. 不符合

C. 一般　　D. 符合

E. 完全符合

2. 您目前的经济收入能满足在当地生活的需要。

A. 完全不符合　　B. 不符合

C. 一般　　D. 符合

E. 完全符合

3. 您对家庭收入的满意程度：

A. 非常不满意　　B. 不满意

C. 一般　　D. 满意

E. 非常满意

4. 您对今后家庭收入的提高有信心吗？

A. 完全没有信心　　B. 没有太多信心

C. 一般　　D. 有一点信心

E. 很有信心

5. 您对家庭的消费支出有计划吗？

A. 有准确的计划　　B. 有粗略的计划

C. 没有计划

6. 外出时，您首要选择哪种交通工具？

A. 步行　　B. 摩托车

C. 自行车　　D. 出租车

E. 自驾车　　F. 公交车

G. 其他

7. 生病时您会首先选择去哪里治疗？

A. 医院　　B. 私人诊所

C. 自己去药店买药　　D. 能挺就挺

8. 您是否希望子女定居在城镇？

A. 很不希望　　B. 较不希望

C. 一般　　E. 较为希望

F. 很希望

9. 您认为所在地乡镇卫生院的设备条件如何？

A. 非常好　　B. 比较好

C. 一般　　D. 不太好

E. 很差

10. 您是否关注党的路线、方针与政策？

A. 很关注　　B. 比较关注

C. 一般　　D. 不太关注

E. 完全不关注

11. 您是否收看、收听时事新闻？

A. 经常看　　B. 偶尔看

C. 很少

12. 您是否经常参加社会活动（如村里活动等）？

A. 经常参加　　B. 偶尔参加

C. 几乎不参加

13. 您认为是否应该参加村里的选举活动？

A. 应该　　B. 不应该

C. 无所谓

14. 您结交的朋友多吗？

A. 很多　　B. 有一部分

C. 很少

15. 您向朋友借过钱或物吗？

A. 经常借　　B. 有时借

C. 几乎没借过

16. 您希望子女受到良好的教育吗？

A. 很希望　　B. 一般

C. 无所谓

17. 您是否愿意参加村里组织的各种技能培训？

A. 很愿意　　B. 较愿意